Valentin D. Devkin

Der russische Tabuwortschatz

Русская сниженная лексика

LANGENSCHEIDT · VERLAG ENZYKLOPÄDIE
Leipzig · Berlin · München · Wien · Zürich · New York

Der Verfasser ist für kritische Bemerkungen
Herrn Prof. Dr. N. Salnikow
zu Dank verpflichtet.

Auflage:	5.	4.	3.	2.	1.	Letzte Zahl
Jahr:	2000	1999	98	97	96	maßgeblich

Druck: Druckhaus Langenscheidt, Berlin-Schöneberg
Printed in Germany
ISBN 3-324-00616-3

INHALT

СОДЕРЖАНИЕ

Умом Россию не понять,
Аршином общим не измерить:
У ней особенная стать —
В Россию можно только верить.

Ф.И.Тютчев, 28.XI.1866

Необычность и новизна этой книги проявляется во многих отношениях. Она снимает запрет с той части словарного состава русского языка, которая всегда считалась недозволенной по причине её сильной сниженности и неприличности. Нарушение табу несалонности, непечатности требует известной дерзости и выступает своеобразным вызовом традиционному, нередко ханжескому прюдизму, брезгливо и безоговорочно отметающему всё, так или иначе связанное с «запрещённой» тематикой.

Этические нормы изменчивы. Роль низшего регистра слов стала в современном русском языке иной, чем это было в прошлом — она заметно повысилась. Одно это требует к ней теперь большего внимания, чем прежде. Она вызывает значительный интерес иностранцев, изучающих русский язык в отрыве от естественной среды его применения.

Выдвигаются на передний план такие аспекты фривольной речи, как социологический, культурологический, эстетический, нормативный, прагматический. Этим вопросам посвящён раздел книги о специфике нецензурной лексики. Кроме этого, предлагается толковый словарь двухсот самых «солёных» слов с объяснением их значения и примерами словоупотребления, почерпнутыми из живого обиходного языка. Проникновение данных единиц в художественную литературу не фиксируется. Приводится перечень понятий, выражаемых неприличными словами.

В речевых иллюстрациях словаря представлен грубый юмор — непечатные шуточки, имеющие широкое хождение и известные многим носителям языка. Кому-то покажутся эти «остроты» всего лишь пошлостью и проявлением низменности вкуса, а кто-то увидит в них озорство, которое можно понять, извинить, возможно, даже простить, найдёт своеобразную прелесть, подобную привлекательности примитивного, наивного творчества самоучек-непрофессионалов. Это не всегда кич, и иногда даже нечто родственное настоящему юмору и искусству. Знакомство с разменной монетой смехачества при изучении языка необходимо, поскольку связанные со всем этим реминисценции могут встретиться в самых различных условиях общения.

Первый опыт собрания, систематизации, толкования, показа контекстов применения, демонстрации ономасиологического осмысления, а также их социолингвистической интерпретации, естественно, может быть несвободен от недостатков, однако он должен принести пользу филологам разного профи-

ля, многим изучающим русский язык за пределами России, широкому кругу читателей, интересующихся культурой речи и многообразием лексических возможностей языка. Объект нападок ревнителей чистоты избираемых средств выражения должен быть высвечен и уточнён. Способствовать этому призвано данное издание.

СПЕЦИФИКА НЕЦЕНЗУРНОЙ ЛЕКСИКИ

Es gibt kein Wort in der Sprache, das nicht irgendwo das Beste wäre und an seiner rechten Stelle. An sich sind alle Wörter rein und unschuldig, sie gewannen erst dadurch Zweideutigkeit, daß sie der Sprachgebrauch halb von der Seite ansieht und verdreht. Es wäre oft auch unmöglich, Spott, Witz, Zorn, Verachtung, Schelte und Fluch anders laut werden zu lassen, als in einem kühnen Wort, das unaufhaltsam über die Zunge fährt, und ein Großes entginge der Fülle und wechselnden Färbung der komischen Kraft, wenn sie nicht frei nach allen Seiten greifen dürfte.

Die Natur hat dem Menschen geboten, das Geschäft der Zeugung so wie der Entleerung vor andern zu bergen und die es verrichtenden Teile zu hüllen; was diese innere Zucht und Scheu verletzt, heißt unzüchtig. Was man aber vor den Augen der Menge meidet, wird man auch ihrem Ohr ersparen und nicht aussprechen. Das Verbot ist jedoch kein absolutes, vielmehr da jene Verrichtungen selbst natürlich, ja unerläßlich sind, müssen sie nicht nur insgeheim genannt, sondern dürfen unter Umständen auch öffentlich ausgesprochen werden.

Wörterbuch von J. Grimm und W. Grimm.
Vorwort, § 9.

В каждом человеке и даже народе заложен одновременно и бунтарь и раб, только проявляются они по-разному. Русским никогда не везло с государственной властью. Награждённые богом терпением в избытке, они умели всё сносить и довольно безропотно веками нести свой крест (гнёт жестоких безмозглых самодержцев и их режимов). Зато в малом они мятежники, бунтующие против установления правил, порядков, запретов, традиций. Там, где другие народы вовремя останавливаются, русский не знает тормозов, он дерзко переступает через барьеры. Будь то смелое научное решение, асимметрия в архитектуре, оригинальный нестандартный подход к серьёзным проблемам или анархизм в малом, незначительном, обиходном.

Сочность, полнокровность, исчерпанность, предельность переживаний — насущная потребность русского. Полезно вспомнить в этой связи стихотворение А.К. Толстого (1854):

Коль любить,
Так без рассудку,
Коль грозить,
Так не на шутку.
Коль ругнуть,
Так сгоряча,
Коль рубнуть,
Так уж сплеча.
Коли спорить,
Так уж смело,
Коль карать,
Так уж за дело.
Коль простить,
Так всей душой,
Коли пир,
Так пир горой!

В русском характере — нажимать на педали — работать, так до упаду, веселиться — до беспамятства, напиться — до чёртиков, губы красить — истратив полтюбика помады, откровенничать до неприличия и т. д. и т. п. Что же касается брани, то и здесь русскому можно было бы пыл свой поубавить. Ругань как особая сторона поведения не встречает должного внимания со стороны педагогов, психологов, лингвистов. Главное, в какой связи они с ней сталкиваются — это запретительство, а для него никакого описания и анализа не требуется, разве что уточнение границ нецензурности. Но что такое нецензурность?

Человек как биологическое существо связан с сексом и отправлением естественных надобностей. Эта его физиология, без которой его существование невозможно, определённым образом отражена в языке. По этико-эстетическим принципам установились запреты на применение того, что считается неприличным. Неприличная лексика есть в каждом языке. В её применении есть национальная специфика. В русском языке существует так называемый мат. Это слова и выражения сексуально-фекальной предметной отнесённости или язык с применением этих слов.

Существует тематика, которую в приличном обществе принято не затрагивать. Являясь областью табуированной, мат представляет собой для многих загадку, особенно для иностранцев, которые в контактах с малознакомыми людьми из другой страны или с теми, с кем существуют лишь официальные отношения, а также при чтении литературы и получении сведений из средств массовой информации, не могут встретиться с матом и составить себе о нём представление. Даже для русского человека, не служившего в армии, не сидевшего в тюрьме или лагере, не находившегося в такой среде, для которой мат типичен и естественен, эта обсценная лексика во всей её полноте оказывается чужой, неактивной.

Традиционный прюдизм русской лексикографии не пускал эти слова в словари. Видеть самые наинеприличнейшие слова в написанном виде необычно и отталкивает своей вызывающей наготой, к которой не только не привыкли, но относятся (не без основания) с отвращением как к чему-то гадкому и оскорбительному. Как для врача не должно быть каких-то «плохих» частей тела и «дурных» болезней, так и для лингвиста, имеющего дело с языком во всём его реальном многообразии, невозможно закрывать глаза на то, что объективно существует. Как бы омерзителен мат ни был, он есть и требует к себе внимания. Представляется уместным привести совершенно справедливое, часто цитируемое положение И. А. Бодуэна де Куртенэ: «Неприличия исследователь языка не знает, и все слова для него одинаково приличны. Никакой кастрации и ханжества! Слова *бог, генерал* и т. п. так же хороши, как, например, *жопа* и т. п. В этом отношении не следует брать пример ни с Даля, ни с Макарова, которые вследствие какой-то нелепой, монашеской или евнуховской, скромности выбросили некоторые очень важные и интересные слова»*.

Наиболее употребительные матерные слова известны почти всем. Употреблять их запрещено, и этот запрет очень многими соблюдается и при том убеждённо, а не в приказном порядке. Столкнувшись с ними — получив от собеседника или услышав их в чужом разговоре, делают вид, что их не заметили. Когда же, однако, свой ребёнок приносит с улицы матерный сюрприз, нельзя остаться безучастным и безразличным. Просто сказать, что это нехорошо, по-видимому, мало. Тем более потому, что в настоящее время происходит легализация мата, которая в конце концов идёт параллельно с общей демократизацией языка.

Что было сильно сниженным, становится фамильярным (salopp), фамильярное превращается в разговорное, а разговорное переходит в нейтральный немаркированный пласт словаря. Вот какие факты применения мата в условиях, которые для него всегда считались невозможными, привёл один вузовский преподаватель. Учительница нашла записку, в которой одна девочка (первоклассница) обращается к другой в выражениях, какие мы привыкли видеть на-

---

**Бодуэн де Куртенэ И. А.* Замечания о русско-польском словаре. || Лексикографический сборник, вып. VI, Академия наук СССР, отд ОЛЯ. М., 1963, с. 143.

царапанными на заборах и в тамбурах пригородных поездов. Хорошенькая девица, одетая так, что просто загляденье, кичась своей раскованностью, несёт накрашенными губками такое, что не снилось и обитателям ночлежек, описанных Горьким и Гиляровским. Режиссёр на съёмочной площадке или в репетиционном зале пересыпает слова о духовности, о святом служении, о высокой миссии искусства отборно грязными словами и метафорами. («Правда», 3.10.88).

Представляется уместным привести выдержку из газетной статьи драматурга Э. Радзинского. «Несколько слов о нынешнем языке. Конечно, можно объяснить появление мата на экране, на сцене, в литературе. Мы жили в ханжеском государстве, регламентировавшем всё и вся. И когда возникло первое ощущение свободы, люди захотели быть свободными во всём. Но если во времена застоя мат воспринимался как вызов, как борьба с ханжеством, то сейчас ситуация совершенно иная. Это ужасно, но мат становится всё чаще нормальным языком улицы. В деревне ребёнок разговаривает матом с бабушкой. И теперь, когда мат начинает звучать с телеэкрана... да, это величайшее зло, это очень стыдно, и ещё в этом есть убогий провинциализм. Я переписываюсь кое с кем из русских эмигрантов того, почти ушедшего поколения, которое покинуло страну после революции. И каждый раз, получая письма, написанные необычайно точным, божественным языком, я испытываю стыд за язык, которым сам разговариваю. Их язык —

не тот богатый крестьянский, который пытается вернуть в Россию Солженицын, нет, это дворянский язык, язык Чехова». («Известия», 22.04.94)

Одним запретительством проблемы решить нельзя. Явление мата требует осмысления, и первым шагом к нему должно стать составление словаря. Прежде чем бороться со сквернословием, следует полнее представить его себе. Если мат так живуч, в чём его «привлекательность», почему за него так держатся, почему он не только не отмирает, но, напротив, набирает силу, если о нём судить по его популярности?

Несалонная лексика неоднородна. Большей её части присуще критическое отношение ко всему, связанному с человеком, к тому, что не оставляет нас равнодушными. Хорошее воспринимается как должное и поэтому о нём нечего распространяться. В то же время всё плохое, неприятное, предосудительное доставляет нам заботы и хлопоты и потому играет большую роль в общении. То, что вызывает отрицательную оценку, может быть представлено словами вполне литературными и нелитературными (неграмотными, вульгарными, бранными). Ср. непорядочный человек, негодяй, подлец — *литер.*, пошляк, паршивец, дрянь — *разг.*, мразь, подлюга, подонок — *фам.*, сволочь, стервец, сука, гад уже *бран.*, а ещё ниже идёт уже нецензурная лексика и мат.

По этическому измерению мат занимает последнюю, самую низшую ступень. Его ядро составляют понятия: «вагина», «пенис», «совокупляться», «анус» и их производные. Для подобных понятий существует несколько кодов: терминологический, иносказательный (литературный), разговорно-просторечный, вульгарный и матерный. Русское своеобразие мата в необычайной активности, он полифункционален — его средствами многое называется — не только понятия, лежащие в его основе, но и те, которые с ними мало связаны.

Помимо сексуально-фекальной тематики, в переносных значениях матерные слова выступают номинациями довольно широкого спектра. Это — бранные слова (оскорбления, ругательства, поношения), неопределённые расплывчатые названия предметов, лиц, действий, характерологическая лексика с критической направленностью. Особенно выделяются группы понятий: подчёркивание интенсивности выражаемого признака, трудности на пути достижения цели, дефекты вещей, рукоприкладство, отдельные эмоциональные состояния, усталость, раздражение по поводу разных отступлений от норм и порядка и многое другое. Представление о понятийной сфере, охватываемой неприличными словами, можно получить по ономасиологическому словарику в конце книги: матерные «синонимы» к нейтральным общеупотребительным литературным словам.

В чём же всё-таки притягательная сила мата? Чем он завоёвывает своих друзей? Причин здесь несколько. Не в последнюю очередь его утилитарность, удобство, доступность, простота и даже гибкость. Степень этико-эстетической сниженности способствует интенсификации признака, заложенного в значении слова. Ср. убывание обидности: *хавронья, свинья, свинтус, поросёнок* (*перен.* о человеке); *спиздить — украсть; заебаться, измудохаться, намаяться, измучиться; ни один хуй, ни одна сука, ни один чёрт, никто;* нем. sauwohl — sehr wohl, hundemüde — sehr müde, das geht mich einen Dreck an — das geht mich gar nicht an. С нагнетанием грубости, неприличности повышается степень выраженного словом свойства.

Этимологическое «прошлое» отдельных слов может выветриться и не ощущаться больше. Ср. *удовольствие, удовлетворение, настроение поднимается* (и у женщин), *чёрта лысого получишь, знать кого-л. как облупленного, попухнуть, дурака валять, мандраж.* Сейчас в них никто не видит ничего эротического.

Подсознательно матерщинник испытывает удовлетворение по поводу своего «языкового озорства», «смелости» переступить табу. Запретный плод сладок, и вкусить его — удовольствие. Это придаёт особую привлекательность мату в глазах ругателя. Его бравада, рисовка вызывающи. Десемантизированность, отвлечённость (несмотря на сверхконкретную фактуру) матерного слова и тем самым его своеобразная прономинализация (дейктизация) повышают его номинативную гибкость и делают его универсальным средством называния с широким спектром охватываемого им семантического пространства, несмотря на этимологическую примитивность и модально-эмоциональную окрашенность.

Мат может служить эмоциональной разрядке. Вот пример, как «разряжались» однажды солдаты. Взвод томится на нудном занятии. Один еле слышно подаёт товарищам команду «Взгрустнём?» За ней следует коллективный тяжёлый грустный вздох и печальное «ёб твою мать!» полушёпотом. По́шло, примитивно? Да. Но ведь не может же этот солдат в данный момент в Лувр сбегать или Диккенса почитать, чтобы снять с души ржавчину. Вот и прибегает он к катарсисной акции таким способом, жалким, но доступным и всё же эффективным.

Разумеется, нельзя оправдывать матерщинника. Но в ненависти к нему должна быть доля терпимости. Кто поймёт, тот простит. Попытки подвести базу под мотив подлости, зла, преступления — это старая, старая песня и небезопасная. Всепрощение, конечно, недопустимо, однако хоть как-то вникнуть в психологию сквернослова, стать на его позиции необходимо.

Расширение сферы действия мата, его агрессивное повсеместное распространение должно не только вызывать тревогу ревнителей нравственности, но и как явление массовое, оно должно привлечь к себе внимание лингвистов, культурологов, социологов. Стыдливо закрывать на него глаза и просто замалчивать его недопустимо — это загоняет болезнь (болезнь ли?) вглубь. От слепого запретительства мы уже многое потеряли. Выступая со словарём мата, мы можем оказаться в положении, которое высмеивается следующим анекдотом:

Маленькая девочка спрашивает мать, что такое *аборт*. Мать всячески уклоняется от ответа, дочь настаивает, и мать, сделав над собой усилие, популярно излагает суть, а затем спрашивает: «А откуда ты всё-таки взяла это слово?» — «Ребята в песне пели: ... а волны плещут *о борт* корабля». Иначе говоря, не исключена опасность, что помимо своей основной роли — ознакомительной и разъяснительной — словарь мата может в какой-то степени способствовать его популяризации. Это опасение напрасно. Необходимо учитывать, что снятие запретности мата и его ореола заманчивой таинственности не могут не подорвать его престижа и популярности. Он станет обыкновеннее, будничнее. Это оттолкнёт от него многих. Он утратит свои позиции.

То, что есть в языке, должно быть собрано и описано. Нельзя отторгать объективно наличествующее. Задача его объяснить. Что касается мата, то ему присущи некоторые такие возможности, которые в совокупности составляют его неповторимое своеобразие, к описанию которого и следует перейти.

Расплывчатость значений матерных слов, их неполная знаменательность роднят их с местоимениями, не имеющими своей собственной семантики как таковой, а обладающими указательностью в широком смысле слова, направленной на объективный предмет. Другая сторона диффузности (неопределённости) значений обсценных слов связана с их эмоциональностью. Они намечают в общих чертах, связано ли высказывание с положительной или отрицательной оценкой сообщаемого (переживаемого). Точности в таких случаях не требуется. За счёт приблизительности возникает универсальность применения. Матерное слово заменяет дюжины синонимов, что создаёт удобство отбора назывных единиц для построения мысли. Мат узурпирует полномочия Basic-Russian, этого практичного средства облегчения примитивной коммуникации.

Общаться, оказывается, можно с помощью малого количества слов. Героине Ильфа и Петрова людоедке Эллочке хватало тридцати слов. Вокабуляр мата — сто с небольшим. Только мат — это, прежде всего, отделочный материал, наслаивающийся на другой, без которого содержательность высказываний невозможна. Однако многие функции простых слов мат себе присваивает и замещает ими естественное для нормального языка многообразие средств выражения.

Слова по степени интенсивности выражаемого признака выстраиваются в градуальные ряды, позиции в которых замещаются неравномерно. Понятия, связанные с оценкой,с эмоциями, бывают представлены полнее, богаче. Их распределения на шкале разнятся от языка к языку. Например, футбольная лексика в русском языке имеет официальные термины и сильносниженные неприличные номинации, тогда как в немецком, естественно, при идентичности официального пласта богаче среднее звено — разговорно и фамильярно (kolloquial und salopp) окрашенные единицы.

Теперь о некотором словообразовательном своеобразии лексических единиц мата. Ядро мата — слова *хуй, пизда, ебля, муде, ебать* — в словообразовательном отношении очень активны и дают многие производные:

хуй

хуило
хуище
хуина
хуёк
хуёчек
хуишко
хуястый
хуйня
хуёвина
хуёво
хуёвый

хуеватый
хуёвенький
хуярить
хуячить
захуячить
захуярить
нахуярить
хуяк
хуякнуть
хуесос
похуист

хули
нехуя
ни хуя
за хуем
на хуя
на хуй
до хуя
по хую
охуеть
охуительно
хуюшки

ебать

ебаться
еть(ся)
ебака
ёбарь

заебать(ся)
уебать(ся)
уёбывать
доебать(ся)

разъебай
заёба
дуроёб
отъебать

ебало
ёбаный
ёбнуть
ёбнуться
ебёныть
ебля
ёбаный
въёбывать
выёбываться

переебать
подъебать
подъёбывать
подъебнуть
приёбываться
подъебала
объебать
скособёбиться

выебать
изъебать
наебнуться
наёбывать
съеться
остоебенить
недоёб
недоёбаный
злоебучий

пизда

пиздёнка
пиздень
пиздища
пиздушка
пиздорванка
пиздорванец
пиздюли

пиздун
пиздёныш
пиздить
пиздеть
пиздюк
пиздятина
пиздячий
пиздострадатель

пиздосос
пиздёж
пиздец
спиздить
запиздячить
распиздяй
пиздануть
пиздык

блядь

блядища
блядюга
блядушка
поблядушка
блядёнка
блядун

проблядь
блядство
блядоход
блядский
блядовитый
выблядок

блядовать
поблядовать
изблядоваться
наблядоваться
разблядовать-ся
бля; бэ

муде

мудак
мудила

мудить
мудня

мудохаться
измудо-хать(ся)

мудозвон	мудянка	замудохать(ся)
мудистый	мудоёб	намудохаться
		тряхомудие

Отдельные матерные слова могут служить прообразом, моделью словопроизводства на базе звукового сходства (не тождества!) — паронимии: *леблядиное* озеро — лебединое озеро, самолёт *обляденел* — обледенел (везёт танцевальный ансамбль), *дерьмократ* — демократ, *пиздатель* — издатель, *пиздельник* — бездельник, *бздительный* — бдительный, *обзирать* — обозревать, *стихуёчки* — стишочки, *верблядь* — верблюд-самка; рыбы: *блядюга* — бельдюга, *мандай* — минтай, *бляденая* — ледяная, *стерблядь* — стерлядь.

Имитации с намёком на мат: «японские» — *на хера та хата?* (зачем та плохая квартира); *кимоно-то херовато* (пальто износилось); *сука хама* (секретарша начальника); *хата хама* (кабинет директора); *хоцу пуки, хоцу каки* (хочу в туалет); «китайские» — *сунь-хуй-в-чай, вынь-су-хим*; имитирование фамилии: грузины *Мудашвили, Целкаломидзе,* румын *Засуньвжопустамеску*, украинец *Подъебайло,* немец *Триппербах,* француз мсье *Ебу*, итальянец *Пиздини*, армянин *Насратян.*

С ориентировкой на мат образуются окказионализмы: Ей *кустотерапию* (еблю в кустах) прописали. || *Перепихнина* ей не хватает (перепихнуться — заниматься сексом). || Ну и *ебаторий*! (санаторий) || Деревенская баба:

Он как пошёл меня мативировать (крыть матом) — срамота!

Каламбурно переосмысливается внутренняя форма в словах и фразеологизмах с матерным подтекстом: *ни кола ни двора* — импотент без жилплощади (без квартиры); *тютелька в тютельку* — любовь лилипутов; *не хвались на рать идучи, а хвались идучи с рати.*

Мат изобилует разными к л и ш е. Стереотипы встречаются в нём чаще, чем в какой бы то ни было другой сфере языка. Это:

п р е д и к а т и в ы-о ц е н к и как в рамках одного предложения, так и с отнесённостью какому-нибудь компоненту ситуации: *мудак! жопа! засранец! пиздюк! блядь! дуроёб!*,

о с к о р б л е н и я: *хуй, мудак, пиздюк, блядь, пошёл (катись) на хуй (в пизду, в сраку), ёб твою мать, мандавошка ёбаная, пиздорванец хуев, распиздяй, сейчас съезжу по ебалу!*,

у г р о з ы: *ща (сейчас) убью на хуй! ты у меня пососёшь! ну погоди, распиздяй ёбаный!*,

п о н о ш е н и я типа пошёл т у д а - т о и т у д а - т о: *пошёл на хуй, в пизду, в жопу, в сраку!*,

н е п р и я т и е, н е с о г л а с и е: *хуй! хуюшки! фига с два! ни хуя! ни хера! не пизди! хуйню порешь! хуй тебе в жопу!*, восклицания недовольства или удовлетворения: *ёб твою мать! ебёна мать! блядь!*,

возгласы возмущения: *ети их мать! блядский род! растуды их в качель! какого хуя...*,

реагирующие реплики: *А? — Хуй на!* || *Где? — В пизде.* || *Куда? — В пизду на переделку.*

присказки, прибаутки: *ебёна вошь, уху ел (= охуел) что ли?, поебём — увидим, ядрёна мышь, пизда рыбий глаз, петух на яйцах протух*,

божба: *блядь буду, в рот меня ебать* и т. п.

В чём своеобразие применения мата в речи? Представляется целесообразным свести его к следующим семи разновидностям:

- одноразовый, истеричный концентрированный шквал (обычно «пятиэтажные» «очереди» — блиц-реакции) — аффективный тип;
- содержательно избыточные вставки при общем не обязательно раздражённом тоне сообщения, вопроса, побуждения — парантезный тип;
- нагнетание максимальной концентрации матерных слов, создание насыщенной эссенции при возбуждённом монологе — нарративный (повествовательный) тип;

- спорадические вставки мата для маркировки свойскости среды, раскованной дружеской атмосферы, сближения с собеседником — этикетный тип (в целях соблюдения неписанных правил, традиционно принятых для общения с людьми «своими в доску»); отличие этикетного типа от парантезного в том, что соблюдение этикетной нормы (особенно при конформистской установке) намеренно, целенаправленно, тогда как парантезные ругательства скорее дань автоматизму, привычке и их вставка идёт механически, почти бесконтрольно;
- частое применение матерных слов без установки на особое их назначение (при наивном представлении об их безвредности, неопасности, непредосудительности, обычности) — неэкспрессивный тип;
- исключительно редкое обращение к единичным нецензурным словам с целью достижения кульминации сообщаемого — экстраординарный тип;
- буквальное воспроизведение чужого мата — цитирующий тип.

Таковы своего рода «жанры» мата. Упомянутые типы зачастую встречаются и комбинированно. Теперь следовало бы эти типы проиллюстрировать. Ограничимся парантезной и нарративной разновидностями как наиболее яркими и представительными.

Парантезный тип. Речевой пример: «Ну где ты ходишь, (блядь)? Мы же опоздаем, (блядь). — (Ни хуя), у нас ещё 25 минут.

Я, (бля), за пивом ходил, нету в палатке (ни хуя). У тебя, (бля) сезонка? — Не, (блядь). Не стал покупать — (на хуя?) Хули ты остановился? — Бумажник (бля). (Ёб его мать), где ж он? Во (бля), нашёл.». Здесь взятое в скобку информативно не оправдано и может быть без ущерба для коммуникации изъято. Это самый предосудительный вид применения мата — по причине глухоты к форме речи и тупой нечувствительности к воздействию на других, не разделяющих подобного вкуса изъясняться. Единственный мотив этого оформления — эгоистическое соблюдение этикета своего социолекта, в котором говорящий чувствует себя «дома». Кто-то, являясь представителем другого социолекта, может из соображений конформизма на время беседы подключиться к ругателям и начать вставлять тоже эти колоризирующие отбросы.

Нарративный тип. Речевой пример: «Сто лет в Москве не был, бля. Ща (сейчас) 92-ой, ебёныть, последний раз в 89-ом был, блядь. Город не узнать ни хуя — барахолка какая-то ёбаная везде. Торгуют, ёб их мать, всем. Какой хуйни только нету! Спекулям охуительная лафа — знай захуяривай тысячи в карман. А не умеешь объёбывать, хуячь, блядь, у станка или, как я, за баранкой. Распиздяям здесь делать нечего, бля. В магазинах хуй чего найдёшь, а на улицах всего до ебёной матери: и продуктов до хуя и шмоток, ети их мать, скока (сколько)! Бананы, ёбаный в рот, кило — за полмесяца не заработаешь, блядь. Сапоги бабе купить — пять месяцев вкалывать надо, ебёныть. Блядь, всех убил бы их на хуй, мудозвоны, пиздюки хуевы. На хуй мне усралась перестройка эта ёбаная?»

Данный вопль раздражённого человека содержит очень высокую концентрацию мата. Обычно она бывает несколько слабее. Чем крепче «матерная эссенция», тем, очевидно, легче должно после неё стать словесно испражняющемуся ругателю.

Как велико должно быть страдание народа, чтобы одолеть и пережить которое требуется столько всепоглощающего, всёнейтрализующего, примиряющего, облегчающего мерзопакостного дерьма и одновременно бальзама в виде мата? Существует так называемый «многоэтажный» (трёхэтажный) мат, когда выпускаемая «обойма» ругательств должна стать максимально насыщенной:

- *ёб вашу через дорогу раком мать!*

- *ёб вашу в жопу мать!*

- *ёб их в пуповину мать, ёбаные в рот!*

- *ебёна вошь, пиздорванка хуева!*

- *пиздюк, ёбаный по голове! что ебальник разинул, мудозвон!*

- *у, мудаки, в рот ёбаные, распиздяи хуевы!*

- *пошёл на хуй в пизду на переделку, недоёбыш сраный!*

- *я на этих разъебаев блядских хуй положил с прибором.*

Принцип здесь ясен — чем гуще, тем забористее.

Чтобы сгустить краски и накалить действенность брани, ругатель не останавливается перед святотатством и приплетает к своим тирадам имя божье: *ёб твою в крестовину бога мать! дуроёб царя небесного, пиздюк хуев!*

Мат любят цитировать, в нём есть свои крылатые слова: *ебёна мать, сказала королева, увидев хуй персидского царя; пизда рыбий глаз* (восклицание неопределённой функции — кому-то нравится парадоксальность этого «образа»); *ёб твою мать — свою дешевле — а что твоя дорого берёт?; в рот меня ебать горячим пирожком; хуй моржовый* (усиленное оскорбление); *в пизду на переделку! заеби нога ногу — я работать не могу.* Есть выражения, примыкающие к мату: пошлые уэллеризмы — *лучше поздно, чем никогда, сказала старушка, попав под извозчика; бывают в жизни злые шутки, сказал петух, слезая с утки; отойди, а то поцелую — у меня сифилис;* не названное матерное слово, по созвучию намеченное контекстом: *посмотрели россомаху, ну идите, дети, ... домой, дети; когда была швеёю, я шила гладью, теперь я балерина и стала ... актрисой.*

Матерные слова содержат сильный экспрессивный заряд; даже со скидкой на их девальвацию в языке людей, пользующихся матом без всякой надобности, на каждом шагу, по простой некультурности, лености мысли и по причине эстетической глухости и всеядности. Для них он бесцветен, а для других, как правило, не нейтрален. Своеобразие мата, наряду с другим, в том и состоит, что его слова делают своё дело не «по совместительству», как все остальные пейоративные слова, а специализированно. Обычно бывает достаточно для придания соответствующего колорита применение отдельных характерно окрашенных слов, называющих что-то и несущих определённую окраску.

Так, писателю, желающему воспроизвести находящуюся под влиянием диалекта речь, достаточно употребить одиночные диалектизмы. Или для демонстрации неграмотности персонажа автору литературного произведения необязательно пересыпать неправильностями всю речь героя, а допустимо ограничиться единичными ошибками. Контрастности и заметности отдельных слов довольно, чтобы возникла иллюзия деревенского говора или некультурности речи. Например, несколько непривычных иностранных слов производят впечатление засилия заимствований. Подобный приём использования «колоризирующего представительства» слов свойственен не только писателям, но он применяется всеми и каждым, желающим нужным образом оттенить сказанное. Подлинная экспрессия возникает в конкретных речевых условиях, однако предрасположенность к применению яркого и необычного уже изначально заложена в некоторых лексических единицах. В высшей степени это присуще сильно сниженным бранным словам.

Поиск нужного слова требует усилий, а мат искать не нужно, он (при своей-то ограниченности, простоте, прозрачности) всегда под рукой, как слюна, чтобы лизнуть ранку или снять пятнышко. Мат относится к стойким неизнашивающимся (несмотря на заезженность) экспрессемам. Он — «вечный двигатель» с бессрочной гарантией прочности на всё то время, пока существуют этические запреты. Табуированность мата спасает его от обесцвечивания и старения. По крайней мере так было несколько столетий. Среди всех синонимов мат всегда самый мощный и действенный — своей грубой агрессивностью он затмевает остальное, как бы ни был удачен, оригинален, верен и точен его синонимический конкурент. Самый изящный и остроумный образ не выдерживает соревнования с матом, потому что оказывается потеснённым хамским нажимом этого силача. Дурное всегда одерживает верх. Поскольку сказать что-нибудь умное трудно, действуют формой, внешним эффектом. Бесстыжее неприличие имеет убойную силу и действует сильнее рационального начала.

Мат во многом абсурден, натуралистичен, сюрреалистичен и по своим стихийным «стратегиям» сродни экзистенциализму. Мир а б с у р д а — это своеобразный вызов надоевшему стереотипу нормы, логики и порядка. Какие только возможные перипетии секса не приписываются отвлечённым понятиям, конкретным предметам, обретающим в бранной ситуации и «маму» и качества сексуального партнёра! Ср.: *Ёб её мать, дрель эту сраную! Ни хрена не работает, всё заедает!* || *Кролики, мать их ети, опять разбежались все.* || *Ёб её мать, сберкассу эту — опять закрыта.*

Иностранец, впервые столкнувшись с явлением мата, склонен его расшифровывать, исходя из буквального этимологического характера. Так, например, фраза «Надень шапку *нá хуй*, а то уши застудишь!» заставляет его усомниться в нормальности физиологических представлений «этих странных русских». На самом же деле данное высказывание выражает «Надень шапку, а то застудишь уши! **Я на этом настаиваю и буду недоволен, если ты этого не сделаешь.**» Выделенные слова передают модально-эмоциональную семантику, заключённую в слове **нá хуй.**

Очищение, к а т а р с и с наступает в результате выплёскивания наружу накопившегося раздражения и зла. Нельзя забывать, что матерная тирада омерзительна, оскорбительна, обидна для реципиента, а для ругателя она — облегчение, конец душевного дискомфорта, переход к уравновешенному, спокойному состоянию. Наваливаемые матерщинником кучи словесных экскрементов нельзя увезти в мусорном контейнере — они остаются грузом, давящим на тех, на кого они выплеснуты. Ёрник получает необходимую ему эмоциональную разрядку, а вовлечённые в его истерику слушатели оказываются оплёванными, задетыми этой чужой досадой.

Кувыркание и дикие скачки матерного языка — это реакция на успокоенность, невосприимчивость, сытость, застой. Мат набатно будит, но делает это грубо, топорно. Нелепость образности, бесконечные гиперболы, парадоксы опрокидывают устоявшееся, смещают, ставят многое с ног на голову.

Натуралистичность мата в его обнажённости, бесстыжести, преувеличенном интересе к физиологии и всему низменному. Аморальность мата откровенна, искренна, хотя и вызывающа, провоцирующа. Чувства меры она не знает и заходит слишком далеко.

«Сюрреалистичность» мата в его вещной конкретности, зачастую смещённой, искажённой и нелепой. Ошеломляюще необычно и странно стыкующиеся детали изобразительных средств мата свидетельствуют о безудержной фантазии ругателей, в основе своей страшно упрощённой, но тем не менее имеющейся. «Монтаж» и вклинение в самые невероятные речевые контексты обеспечивают определённую (и, конечно, очень условную) «свежесть» матерщины. При её тотальной шаблонности и заезженности ей удаётся быть действенной.

Как ни странно, наблюдаемые в мате изобразительные приёмы созвучны экзистенциональным принципам, например, в соседстве возвышенного с низменным, красивого с безобразным. Если в литературном или художественном направлении экзистенциалистского толка постоянно встречаются как элемент стиля столкновение одухотворённой утончённости с болезненностью и даже ненормальностью, красоты с тлетворностью и распадом, чистоты с аморальностью, в жалком мате побочный конфликт контрастов тоже своего рода — правило, традиция, особенно если учесть изощрённые применения грязных слов в самых нетипичных для них контекстах.

Доминантой в эстетике мата следует считать противоречие избитости и экспрессии, клишированности и свежести. Эффект выразительности возникает на базе конфликта речевых условий и вмонтированных в них всегда одних и тех же ругательных средств. Несуразность, дикость их столкновения страхуют от безразличия и индифферентности восприятия. Безумное однообразие и изношенность мата уживаются тем не менее с его вечной свежестью нелепости применения.

О факторе субъекта следует сказать следующее. Применяют мат часто, почти бесконтрольно, без желания достигнуть особого эффекта люди некультурные. Сознательно вплетают мат в свою речь также и лица, получившие образование и вполне отдающие себе отчёт в недопустимости и предосудительности мата. Они им пользуются сознательно из соображений снобизма, дешёвой бравады или желания не выделяться своим языком рядом с матерщинниками. Фактор субъекта существенно влияет на действенность речи. Его воздействие тем сильнее, чем менее можно ожидать от конкретного говорящего в силу его социальных и личностных особенностей применение мата.

Вышесказанное имеет целью несколько подготовить читателя к использованию приводимого далее словаря и предложить импульсы к обсуждению проблем культуры речи и эстетики сниженной лексики.

Словарь включает самый нижний пласт слов, считающихся, как уже упоминалось, по этико-эстетическим принципам неприличными, недопустимыми, запретными. На дне этого слоя лексики — нецензурные, «матерные» слова и их производные. По старой русской традиции интеллигентные и, независимо от их уровня образования и общественного положения, дорожащие своей честью и своим достоинством люди к применению этих лексических средств никогда не прибегают.

Другая группа неприличных слов — гробианизмы. Это грубые названия тех предметов и явлений, которые в порядочном обществе принято или не называть совсем и всячески их избегать, или заменять описательными, облагораживающими (эвфемистическими) выражениями. Следует учесть, что эвфемизмы подвержены девальвации и нередко утрачивают свою «завышенную» роль, становясь полу- или даже совсем неприличными.

И, наконец, ещё один слой — вульгаризмы. Среди них — бранная лексика с недифференцированным признаком осуждения: *сука, гад, дрянь, мразь* (для них определяется помета *общебранн.*) и ругань более специализированного характера: *сволочь* — непорядочный, *тихобздейчик* — хитрюга, действующий тихой сапой, *чокнутый* — придурковатый или поступающий неразумно, *харя* — противное лицо. Это намеренное название предметов и явлений сниженным словом, в то время как для них есть нейтральные названия.

В соответствии с упомянутыми особенностями сниженных слов, в словаре приняты пометы: *неценз.* (ебать, хуй, мудак), *груб.* (жопа, ссать, говно), *эвф.* (трахаться, поставить пистон, барать), *вульг.* (мандраж, хренота, «наложить в штаны» = испугаться). В действительности устанавливаемые пометой окраски слов сложно взаимодействуют и переходят одна в другую. Объединяющим для собранной в данном словаре лексики служит их сильная сниженность, неприличность, табуированность. С этим пластом граничат сниженные слова, также считающиеся предосудительными, однако не абсолютно запретными. Они в словарь не включены.

Понятие приличности/неприличности совершенно естественно не может иметь жёстких границ. Можно много спорить о том, почему предлагаемый словарь содержит *фигушки, «машинка» (перен.), «багажник» (перен.), дерьмо* и не даёт *сволочь, сукин сын, подонок, шантрапа* и т. п. Ведущим принципом было обеспечение ядра сниженности — мата и примыкающей к нему лексики. При всей зыбкости табуированности, всё же в основных контурах она прослеживается, и словарь пытается выдержать данный лейтмотив. Что же касается желания и необходимости собрать по возможности комплектно фонд субстандартной лексики (всё, что расположено ниже стилистического нуля), то это осуществимо в рамках большого словаря слов широкого диапазона — от не нарушающих литературность коллоквиализмов до самого низкого — до табуированной нецензурности. Эта задача, выдвинутая как лингвистической теорией, так и языковой практикой, культурой речи, прагматикой коммуникации, должна быть решена.

В. Д. Девкин

ТОЛКОВЫЙ СЛОВАРЬ УПОТРЕБИТЕЛЬНОЙ НЕЦЕНЗУРНОЙ И СНИЖЕННОЙ ЛЕКСИКИ

Soll das Wörterbuch die unzüchtigen Wörter in sich aufnehmen oder sie weglassen? Jene Handbücher, die nur Fetzen von der Sprache geben, können oder müssen sich ohne Zaudern für den Ausstoß entscheiden, der ihnen selbst den Schein eines Verdienstes bereiten mag. Man würde sie verantwortlich machen dafür, daß sie durch Aufnahme dessen, was gleich so vielem anderen wegbleiben durfte, es absichtlich ausgezeichnet hätten.
Das Wörterbuch, will es seines Namens wert sein, ist nicht da, um Wörter zu verschweigen, sondern um sie vorzubringen. Es unterdrückt kein ungefälliges Wörtchen, keine einzige wirklich in der Sprache lebende Form.

Wörterbuch von J. Grimm und W. Grimm. Vorwort, §9.

А

А́ХАТЬ *несов. эфв.*

посылать на хуй, употреблять слово «хуй» || Разахался, а тут дети. || Не ахай! Выражайся поприличней!

Б

Б *сокр. нецензурного слова* «блядь» 1; *ср.* бэ

БАГА́ЖНИК *м. эвф.*

мошонка, мужские гениталии || Он быстро разделся, погрузил свой багажник в плавки и побежал в море. || Ещё никто из мужиков не жаловался, что ему свой багажник всю жизнь таскать приходится. || *Портной, шьющий брюки:* Вы багажник направо или налево носите?

БАРА́ТЬ *несов. эвф.* ебать

БЗДЕТЬ *несов.*

1. *груб.* бесшумно выпускать газы (при метеоризме) || Кто это бздит всё время? Вонь невыносимая. || Целка она во что бздит. Блядища дай бог.

2. *вульг.* бояться, опасаться, трусить || Этот перестраховщик никогда на риск не пойдёт, он бздит, как бы ему не попасться. || Бздишь с крыши прыгнуть?

БЗДИ́ЛА *м./ж.*

1. *груб.* кто портит воздух || Ну ты, бздила! Будешь вонять, мы тебя вышвырнем отсюда. **2.** *вульг.* трус || На это мокрое дело его нечего уговаривать, он бздила каких мало.

БЗДНУТЬ *однокр. груб. см.* бздеть

БЗДУН *м.*

1. *груб.* кто портит воздух || Как поймаю того, кто здесь бздун, голову оторву!

2. *вульг.* трус || Против начальства он никогда не выступает, бздун потому что.

БЛЕВА́ТЬ *несов. эвф.*

извергать ртом принятую пищу (*о рвоте преим. пьяного*) || Нажрался (водки) как свинья, а потом блевал. || Он слабак, не переносит ни курева, ни водки, блюёт от всего. || Во время шторма все позеленели и блевали, свесившись через борт. || Ну как, Ванюх, весело было на свадьбе-то? — Да, блевали (блявали *диал.*).

БЛИН *частица неценз.*

замена слова «блядь» в роли вставки, см. блядь || У, блин, опять расстегнулась! || Ты что, блин, колупаешься? Так и опоздать можно. || Ну, блин, ты даёшь!

БЛЯ *частица*

эвфемистическая замена слова «блядь» в роли избыточного вводного слова, см. блядь || Ты что, блядь, думаешь, ты один, бля, здесь умный нашёлся, бля, а остальные, бля, дураки вовсе? || Чеши, бля, отсюда и не оборачивайся, блядь ёбаная.

БЛЯДИ́ЩА *ж. неценз.*

то же, что блядь 1 с подчёркиванием степени осуждения: настоящая блядь.

БЛЯДОВА́ТЬ *несов. неценз.*

развратничать || Муж её блядует направо, налево, а ей хоть бы хны. || В пятнадцать лет она уже блядовала будь здоров! || Чтобы она, пока он в командировке, не блядовала, он задул ей третьего ребёнка. || Дело молодое, жила одна, ну, блядовать она понемногу стала.

БЛЯДОХО́Д *м. неценз.*

секс || Пока старшина на блядоходе, мы посачкуем часок. || В 9 часов он на блядоход пошёл. || Когда он с блядохода вернулся, брякнулся на нары одетый и задрых сразу как убитый.

БЛЯ́ДСКИЙ *неценз.*

1. свойственный проститутке <взгляд, вырез в платье, голос, вид, причёска, походка, привычка, манеры, замашки>

2. причиняющий вред, огорчения, приносящий большие неприятности <жизнь, судьба, условия, работа, контора, армия (*служба в армии*), проверка, комиссия, школа, политика, реформа, забастовка, разгильдяйство, привычка, манера, выходка, отродье, людишки, соседи, квартира, телевизор, ботинки, галстук, воротничок, мотор, замок, часы>

БЛЯ́ДСТВО *с. неценз.*

страшное безобразие, подлость, что-л., достойное осуждения || Какое блядство! Хороших специалистов увольняют, а блатных не трогают. || Ну что за блядство — опять закрыто! То у них учёт, то санитарный день, то приём товаров. || Специально просил его, и ничего не сделал. Это уже блядство. || Опять обманул! На этот раз я ему такого блядства не прощу.

БЛЯДУ́Н *м. неценз.*

развратник || Мужик ей такой блядун попался, спасу нет, только и знает, что новых баб заводит. || Она его бросила, блядун был и пропойца. || Этот блядун никого не пропустит, всех перепробовать хочет, но у нашей Лялечки он не на ту нарвался.

БЛЯДЬ *ж. неценз.*

1. проститутка, шлюха <стать блядью, по блядям ходить, деньги все на блядей тратить, спутаться [связаться] с блядью> || Я каторжная блядь, а вы барин (*слова Масловой в «Воскресении» Л.Н. Толстого*). || Где он подцепил эту блядь подзаборную? || Она не блядь, а просто добрая давалка. || Такого лопуха любая блядь охмурить и женить на себе может. || Жена у меня хорошая, не блядь, вкусно готовит, только вот одна беда — командовать любит. • **жену отдай дяде, а сам иди к бляди** *посл.* нежелание отдавать нужное || Как же, дожидайся! Я отдам тебе инструменты. А с чем я сам работать буду! Жену отдай дяде, а сам иди к бляди.

2. *общебранн.* (*и о мужчине*) || Все разрешили своим уйти пораньше, а эта блядь упёрлась и ни в какую. || Какая блядь! Всех заложил, всех продал! || Куда нож спрятал, блядь ёбаная? || У, блядь! Уйди, а то убью на хуй! • **блядь буду!** *божба, подчёркивание истинности своих слов* || Блядь буду! Они всех там принимают. || Не вернётся он, блядь [бля] буду. || Говорю тебе, завтра отдам, блядь буду, отдам! • **ни одна блядь** никто || Он больной, одинокий, и ни одна блядь не может ему помочь. || Ни одна блядь не хочет взять на себя ответственность (*навести порядок, вызвать милицию, позвонить в скорую помощь*). || Ни с одной блядью здесь нельзя общаться — одни подонки. • **весь мир бардак — все люди бляди** *посл.* жизнь отвратительна

3. *в роли семантически опустошённого вводного слова в любой синтаксической позиции (для придания речи окраски по вкусам социального дна)* || Прихожу, блядь, за справкой, блядь. Не готова, блядь. Я, блядь, к начальнику, а его, блядь, нету на месте. Я к секретарше, блядь. А она сидит, блядь, и печатает, блядь, и разговаривать не желает, блядь. Говорит, блядь, через час зайди! || Блёск, бля(дь)! Штакетинки смотри, бля(дь), все оструганы, бля(дь), слеги, бля(дь), сосновые. Сто лет, бля(дь), стоять будут.

4. *восклицание* а) *возмущение:* Блядь! Опять всё завалили, пиздюки! || Не успел? У, блядь! || А он тебе это не разрешил брать домой. — Блядь, сука ёбаная. б) *восторг:* Блядь! Какое было угощенье! Лучше не бывает. || Ну как причёска? — Блядь!!! На уровне мировых стандартов!

БЛЯДУ́ШКА *ж. неценз.*
подчёркнуто уничижительно блядь

БЛЯДЮ́ГА *ж. неценз.*

усиливает отрицательность понятия блядь

БЛЯ́КАТЬ *несов. эвф.*

часто вставлять в разговор слово «блядь» или его замену «бля» || А не блякать не можешь? || Когда ты блякаешь, тебе что, легче, что ли? || Ты привык блякать. Как ты будешь с порядочными людьми разговаривать? Ведь голову снимешь.

БУФЕРА́ *мн. ч. вульг.*

женская грудь || Вот это буфера! Есть за что подержаться. || С обложки порножурналов торчали буфера. Сашуня наш поначалу растерялся аж.

БЭ *ж. эвф. сокр. неценз.*

то же, что блядь 1 || Что ты хочешь? Бэ она и есть бэ и ведёт себя соответственно. || Эта бэ всех мужиков в нашем КБ (*конструкторском бюро*) через себя пропустила.

В

ВРОТ *м. неценз.*

стяжение: ёбаный в рот || Ах ты врот нехороший! Опять тебя объебли (= обманули). || А, врот (*вводное слово*), ушла! (*рыба сорвалась с крючка удочки*) || Предупреждал же тебя, врот, чтоб не подходил к мотору близко!

ВЫ́ЕБАТЬ *сов. неценз.*

выполнять роль активного партнёра в половом акте || Выебать её надо, чтоб подобрела. || Вот это баба! Вот такую бы выебать!

Г

ГОВЁННЫЙ *вульг.*

плохой <жизнь, дела, здоровье, работа, квартира, жильё, харчи, муж, жена, тёща, человек, начальник, фильм, дискотека, пивная> || Положение у них сейчас говённое. || Как поживаешь, как дела идут? — Да говённо как-то.

ГОВНО́ *с.*

1. *груб.* испражнения <куча говна, вляпаться в говно, выпачкаться говном> • **отвались (говно от жопы)!** *вульг.* отстань! пошёл ты!

2. *вульг.* что-л. совсем плохого качества || Зачем было такое говно на платье покупать? || Из такого говна (*плохих семян, негодных стройматериалов*) ничего порядочного не сделаешь. || И режиссура, и актёры, и художник — говно, весь фильм ничего не стоит, во всех отношениях — жуткое говно.

3. *вульг.* непорядочный, ненадёжный, ничтожный человек || Зачем я только с этим говном связался — он и как специалист, и как человек — говно последнее. || Его так хвалили, а он оказался самое обыкновенное говно. || Это говно её мизинца не стоит, и тоже строит всё из себя кого-то. • **говно к говну липнет** *посл.* рыбак рыбака видит издалека; два сапога пара • **не учи учёного, поешь говна печёного** *вульг. поговорка* нечего меня учить! это я и без тебя знаю.

ГОВНЕЦÓ *с. вульг.*

то же, что говно, только несколько ослабленно или язвительно || А всё-таки он с говнецом, как я и предполагал. Вот оно теперь в критической ситуации и выперло наружу. || Нутро у неё с говнецом. Недаром она с этим подонком спелась. || Проверку делать начнут, обязательно какое-нибудь говнецо откопают и пойдут его размазывать. У, говноеды!!

ГОВНОДÁВЫ *мн. ч. вульг.*

сапоги, грубые ботинки

ГОВНЮ́К *м. вульг.*

никчёмный, непорядочный человек || Тебя, говнюка, поганой метлой отсюда гнать надо. Всё тяп-ляп делаешь. || Что он говнюк, я узнал слишком поздно, когда мы с ним вместе в командировку ездили.|| Эти говнюки до чего страну довели! || Просрал всё! Так тебе и надо! Нечего было с говнюками дело иметь. Вот они тебя и подвели, всё упустили.

Д

ДАВÁТЬ *несов.*, **ДАТЬ** *сов. груб.*

соглашаться на половое сношение || Эта всем даёт, блядища та ещё. || Она мне не дала. — А ты попроси получше. || Она дала ему раком. ||

Что ж вы, девки, не поёте? / Я — старуха, а пою! / Что ж вы, девки, не даёте? / Я — старуха, а даю. (*частушка*) || *Пример двусмысленности:* Позабыл, в какой деревне / Одна девка мне дала / Коромыслом по затылку, / Затрещала голова. (*частушка*) || Тебе шестнадцать (лет)? Не дашь. — Дам, дам!

ДЕРЬМО́ *с.*

1. *груб.* испражнения || Больная была без сознания и лежала вся в дерьме.

2. *вульг.* вещь плохого качества || Сигареты эти дерьмо, курить их невозможно. || Яблоки [новые штаны, пироги] твои дерьмо. || Эта рок-группа — дерьмо.

3. *вульг.* негодяй, подлец || Вон отсюда, дерьмо такое, подонок, сволочь!

4. *вульг.* ничтожество || И такое дерьмо книги пишет, студентов чему-то учит! || Это дерьмо, наш новый начальник, нашему Палычу в подмётки не годится.

ДЕРЬМО́ВЫЙ *вульг.*

плохой, никуда не годный || Удивительно, дерьмовые эти поделки всё-таки раскупают. || Человек он дерьмовый, держись от него подальше.

ДРО́ЧИТЬ *несов. груб.*

онанировать, *син.* труха́ть

ДРО́ЧИТЬСЯ *несов.*

1. *груб.* онанировать

2. *вульг.* приставать, надоедать || Ты не дрочись, а то огребёшь сейчас.

3. *вульг.* возиться с чем-л., неумело, медленно делать что-л. || Весь выходной с мотором дрочился, так и не починил его.

ДРО́ЧКА *ж.*

1. *груб.* онанизм <заниматься [пробавляться] дрочкой, поймать [настигнуть] кого-л. за дрочкой>

2. *вульг.* неприятное занятие, бессмысленная работа || Разве это работа? Это (сухо)дрочка одна.

ДУ́НЬКА:

гонять Дуньку Кулакову *эвф.* онанировать

ДУРОЁБ *м. неценз.*

дурак || Дуроёба этого взяли, вот он всё и испоганил. Лучше бы уж подороже заплатили, да работа бы была качественная. || Таких дуроёбов, как ты, поискать только!

Е

ЕБА́КА *м. неценз.*

сексуально активный, *ср.* ёбарь

ЕБА́ЛО *с. неценз.*

1. рот <разинуть [открыть, закрыть, заткнуть] ебало>

2. лицо, морда: съездить [получить] по ебалу, разбить ебало в кровь, совать ебало куда-л.

ЕБА́ЛЬНИК *м. неценз.*

рот, морда, *ср.* ебало || Сейчас огребёшь по ебальнику! || Что ебальник разинул? Пиздюк!

ЕБА́ЛЬНЫЙ *неценз.*

предназначенный для ебли || Дневальный, подай станок ебальный! (*солд. юмор*) || Наш взводный отправился по ебальным делам.

ЁБАНЫЙ

см. ебать

ЁБАРЬ *м. неценз.*

любовник || Мужа или друга ей не надо, ей бы только ёбарь был. || Сёмка ёбарь мощный, хотя у неё и похлеще бывали. || К Нюрке всё новые ёбари стали ходить.

ЕБА́ТЬ *несов. неценз.*

1. выполнять роль активного партнёра в половом акте: ебать как положено, ебать через жопу, ебать раком, ебать в рот, ебать долго [часто, редко, раз в неделю, с аппетитом, по обязанности, вдвоём] || Генка увольнительную в любое время получит — он генеральшу ебёт. || Он её ебёт исправно, не курит, не пьёт, все деньги отдаёт — чего ей ещё надо? || В балке выросла осока, / Мужики пошли косить. / До чего ебать охота, / Только совестно просить. (*частушка*) || Под окном сирень цветёт. / Вечер к ночи клонится. / Парень девушку ебёт — / Хочет познакомиться. (*частушка*) || Соловей, соловей, пташечка, канареечка жалобно поёт. / Раз поёб, два поёб, а на третий больше не даёт. (*солд. песня*) || Грудь болит, в ногах ломота, хуй стоит, ебать охота. (*частушка*) || Как здесь кормят? — Жив будешь, но ебать не захочешь. || Пастух, скока время (*просторечная форма*)? — Шестой час. — У, а у меня ещё жена не ёбана! • **ебал я кого-л., что-л.** *бравада*: это совсем не страшно, не опасно, не важно || Сейчас везде облавы, тебя поймают. — Ебал я эти облавы! || Сходи в санчасть, тебе перевязку сделают. — Ебал я твою санчасть, сам забинтую. || Что инструктор скажет? — Ебал я всех инструкторов! || Мы ебали всё на свете, кроме шила и гвоздя. / Шило колется в залупу, а гвоздя ебать нельзя. (*частушка*) • **ебут и фамилию не спрашивают** делают с человеком, что хотят, издеваются над ним как угодно • **в рот меня ебать** *божба, подчёркивание истинности своих слов* || Там всё заперто. В рот меня ебать! || Я не сбежал. В рот меня ебать, меня отпустили на целых два дня. || На праздник всем водки по стакану дадут, взводный сказал. Точно! В рот меня ебать (горячим пирожком). • **ёбаный в рот** а) *оскорбление* || Что тебе опять здесь надо, ёбаный в рот? || Чего расселся, ёбаный в рот, давай вкалывай! || Давно не огребал? Сейчас съезжу по харе, ёбаный в рот, чёрт недоделанный! б) *восклицание (выражает недовольство, возмущение, разочарование)* || Ёбаный в рот, да когда ж ты кончишь! || Ёбаный в рот, пробка (на шоссе) на час. || Опять овсянка! Ёбаный в рот! • **ёб твою мать** *универсальное восклицание на все случаи жизни (выражает раздражение,* *недовольство, испуг, недоумение, удовлетворение, восхищение и т. п.)* || Ёб твою мать! Опять ремень соскочил! || Ёб твою мать! Когда они научатся хорошо работать! || Ёб твою мать! Разве можно так тихо подкрадываться! Испугал ты меня совсем. || Ёб твою мать! Как можно не понимать таких простых вещей! || Ну наконец-то, ёб твою мать, ты разродился и представил отчёт. || Ёб твою мать! Если бы все так тебя понимали с полуслова и делали каждую вещь как надо! Спасибо! || Ебёна мать! сказала королева, увидев хуй персидского царя (*подчёркнутое удивление*) • **до ебёной матери** *показатель интенсивности:* очень много, очень сильно || Грибов [ягод, рыбы, автобусов, спекулянтов, шпаны, жулья] там до ебёной матери. || Устал [доработался, дошёл, похудел, обеднел, обезденежил, износился] до ебёной матери. || Я жениться захотел — / На екватор полетел: / Девок на екватере — / До ебёной матери. (*частушка*)

2. *об интенсивном действии:* а) ругать || Полковник нас целый час за пожар ебал и на губу на десять суток посадил. || Жена его ебёт и в хвост и в гриву, с утра до вечера и с вечера до утра, что денег мало зарабатывает. || Если бы меня так ебли, я бы не стерпел и сказал бы им пару ласковых! б) донимать || Целый день топор меня ебёт — топорище всё выскакивает. || Ветер [пурга, мороз, дождь] нас ебёт и никак перестать не хочет. Измучились мы. || Запас в жопу не ебёт. Купи сахара побольше, пока его продают. Ведь он не портится. || Ты ж до конца жизни не искуришь столько сигарет. Зачем тратиться зря? — Запас в жопу не ебёт. Пригодится.

ЕБА́ТЬСЯ *несов. неценз.*

1. иметь половые сношения || Бабка смотрит на Лёлечку как на ребёнка, а та уже ебётся вовсю в свои пятнадцать лет! || *Записка:* Нюшк, приходи сегодня в 9 часов на сеновал ебаться! — *Ответ:* Намёк твой поняла, приду. || Они себе хоть бы хуй — при всех ебутся в одном спальном мешке! || Глянь-ка, в стоячку ебутся, как у нас в Париже!

2. (из)мучиться, канителиться, возиться || Некогда мне с вами тут ебаться, задание получили и валяйте делайте, что велят. || Крышу ураганом сорвало. Три дня мы ебались, пока всё восстановили. • **не учи отца ебаться** *посл.* яйца курицу не учат

ЕБЁНТЬ *частица неценз.*

собственно говоря, же || Почему бы и нет, ебёнть? || Хули ты сомневаешься, ебёнть? Это же верняк. || Ебёнть, деньги на бочку! || Дал согласие, ебёнть, так и иди!

Ё́БЛЯ *ж. неценз.*

1. половое сношение || У неё только ебля на уме. || Он заснул как после ебли. || Это кино про еблю одну. • **быстрота нужна при ловле блох и ебле кошек** *посл.* быстро хорошо не бывает; здесь спешить нельзя

2. мученье с чем-л., возня || Эта ебля с недоделками труднее основной работы. || Надоела ебля с подготовкой к параду. Скорее бы он уже прошёл. || Если бы не ебля с чертежами, мне такая работа понравилась бы.

ЁБНУТЬ *однокр. нецենз.*

1. ударить || Как он его со всего размаху по спине ёбнул, так тот и шлёпнулся мордой в грязь.

2. украсть || У Мишки вещмешок и деньги все ёбнули.

ЁБНУТЬСЯ *однокр. неценз.*

ушибиться, удариться || Он как поскользнётся, да как головой о бортовой камень у мостовой ёбнется! Страшно смотреть, как он себе череп проломил. || Осторожно, о косяк не ёбнись!

ЕЛДА̄ *ж. неценз.*

половой член, пенис || С такой елдой не пропадёшь! || Вот его елдой бабы довольны.

ЕЛДА̄К *м. неценз.*

огран. употр. половой член, пенис, *см.* елда

ЁЛКИ ЗЕЛЁНЫЕ *мн. ч. эвф.*

см. ёлки-палки

ЁЛКИ-ПА́ЛКИ! *мн. ч. эвф.*

ёб твою мать! *см.* ебать || Ну что ты, ёлки-палки, всюду лезешь! || Ёлки-палки, теперь мы уже опоздали. || Когда ты заткнёшься, ёлки-палки!

ЕТЬ *несов. неценз.*

то же, что ебать (*с малоощутимым облагораживанием*) || Он её будет еть, пока не пресытится. || Сначала деньги, а потом еть! • **ети его [их] мать** то же, что ёб твою мать, *см.* ебать || «Не хватай меня за грудь, / Рука твоя холодная!» / «Ах ты, мать твою ети, / Какая благородная!» (*частушка*) || Как на улице Донской / Меня треснули доской. / Что за мать твою ети, / Нельзя по улице пройти! (*частушка*) || Ты скажи мне, дорогая, / Ты в Москве бывала ли? / Двадцати-ети-этажные / Домики видала ли? (*частушка*)

Ж

ЖА́ЛКО *с.*

см. жопка

ЖО́ПА *ж.*

1. *груб.* зад, задница <большая, толстая, жирная, плоская, упругая, дряблая, как желе, как кисель, вертеть жопой, опуститься [плюхнуться, сесть, упасть] (*Тв. п. куда*), прислонить [поднять, погреть, застудить, нашлёпать] (*Вин. п.*), сделать укол в жопу> || Как можно садиться голой жопой на чужой унитаз? ||

У бедняги вся жопа антибиотиками исколота, и инфильтраты теперь. || Наконец-то его схватили за жопу! Сколько можно было воровать! || *Из анекдотов о генеральше:* Хотели бы вы быть лебедем (*вопрос на балете «Лебединое озеро»*)? — Охота была жопу мочить! || Баба пьяная хуже жопы сраной. || Не могу я утерпеть, / Чтобы жопой не вертеть, / Вот какая сатана — / Так и вертится сама! (*частушка*) || Глянул в лужу. В луже — жопа. / Что за невидаль, друзья. / Вдруг мне жопа улыбнулась, — / Оказалось, это — я! (*частушка*) || По деревне шла и пела / Девка круглолицая. / Жопой за угол задела — / Забрала милиция. (*частушка*) || Её в жопу выебли. || Тётка Матрёна жила у купчихи Спиридонихи при милости на кухне, жопой угли раздувая.

2.*вульг. словосочетания:* **лизать жопу кому-л.** подхалимничать || Удивили всю Европу, всё пороли хреноту. / Столько лет лизали жопу, оказалося — не ту. / Но мы всё не унываем, смело движемся вперёд. / Знаем, партия родная нам другую подберёт. (*частушка 80-х годов*) || Как бы мне плохо ни было, но лизать жопу этим подонкам никогда не буду. • **жопу об жопу и врозь** поссориться || Столько лет они дружили, а теперь жопу об жопу и как будто между ними ничего общего не было. • **темно, как у негра в жопе** очень темно || Пробки перегорели, и стало темно, как у негра в жопе. || На улице темнота, как у негра в жопе. Ни луны, ни звёзд, ни фонарей. • **думать не головой, а жопой** плохо соображать || Как можно было придумать такую галиматью? Тут, видно, думали не головой, а жопой. • **на бесптичье и жопа соловей** при дефиците требовательность уменьшается; когда нет хорошего, довольствуются малым • **язык в жопу втянет** очень вкусно || Жареная стерлядь в сметане — язык в жопу втянет! • **хоть жопой ешь** очень много всякой еды || Ну Федотовна наготовила всего на Маланьину свадьбу — хоть жопой ешь, и много и вкусно. • **ну его в жопу** не хочу иметь с ним дело || Ну его в жопу со всеми этими предложениями и обещаниями. || Ну их, эти новшества, в жопу. С ними одна морока. • **пошёл ты [он, что-л.] в жопу** отказываюсь с тобой [ним, чем-л.] считаться || Пошёл ты в жопу со своими льготами! Чтобы их заработать, ведь придётся костьми лечь. || Пошли они в жопу, эти северные, эти бешеные деньги! Не могу я там у Полярного круга прижиться. Мне и здесь хорошо. • **без мыла в жопу влезть** суметь найти подход к кому-л. || Этот прохиндей кому хочешь без мыла в жопу влезет и своего добьётся. || Он падок на лесть, и каждый норовит к нему без мыла в жопу влезть. • **через жопу** а) секс со стороны спины || Он её трахает через жопу. || Она любит давать через жопу. б) *перен.* неправильно, ненормально, с нарушением общепринятого порядка || Как это ты ремонт через жопу делаешь — сначала пол, потом стены и, наконец, потолок? || В стране дураков всё не по-людски, всё через жопу, никакого порядка. || Приходишь домой — обеда нет, квартира не убрана, дети слоняются из угла в угол. Всё через жопу, всё наперекосяк. Ну, безалаберная баба!

3. *вульг.* усидчивость || Старательная она! — Мозгов нет, а жопа есть. || С его способностями, да при такой жопе карьера ему обеспечена.

4. *вульг.* нерасторопный, непрактичный, неловкий человек || Все как-то ловчат и устраиваются, а эта жопа только ушами хлопает. || Ну и жопа же ты! Такой шанс упустить!!!

ЖО̆ПИЩА *ж. груб.*

очень большая жопа || Ну и жопищу он себе отрастил! || С такой жопищей в кино надо ещё один билет покупать.

ЖО̆ПКА *ж.*

1. *груб.* маленькая жопа <испачкать [вытереть, подтереть] жопку, жопка ребёнка, упасть на жопку, сесть [плюхнуться] голой жопкой на холодную землю, нашлёпать [выдрать] ребёнка по жопке> • **жалко у пчёлки в жопке (на ёлке)** *вульг.* ответ на реплику со словом *жалко* || Ты бы подарил кому-нибудь свой портсигар. Жалко, небось? — Жалко у пчёлки в жопке. — Всё равно рано или поздно его у тебя здесь украдут.

2. *вульг.* а) кончик плода, где были отсохшие плодолистики <жопка яблока [груши, арбуза, дыни, огурца]; съедать яблоко целиком с жопкой, не оставляя огрызка> б) горбушка <жопка длинного батона (хлеба)> в) донышко (*банки, кастрюльки, бутылки, стакана*)

ЖО́ПНЫЙ *груб.*

1. на жопе || Жопный карман на брюках. || Жопный шов кривой получился.

2. для жопы <жопная мазь [ромашка] (*настой для клизмы*)>

ЖО́ПОЧНИК *м. вульг.*

1. подхалим

2. педераст

З

ЗАБЛЯДОВА́ТЬ *сов. неценз.*

начать развратничать || Что-то наш Толечка заблядовал, видно, на стороне, глаз к нам не кажет.

ЗАЕБА́ТЬ *сов. неценз.*

загонять, измучить, вымотать душу || Это ему не так, то ему не так. Всё придирается. Заебал он меня совсем. || Своими идиотскими рацпредложениями он нам всем мозги заебал. || Заеби нога ногу, я работать не могу *шутл.*

ЗАЕБА́ТЬСЯ *сов. неценз.*

замучиться || Заебался я с этой дачей! || С обменом (квартиры) заеблися мы.

ЗАЖО́ПИТЬ *сов. вульг.*

схватить || Я хотел пораньше сегодня с работы уйти. Так нет же! Мастер меня зажопил и дополнительное задание дал.

ЗАЛУ́ПА *ж. груб.*

головка полового члена, *см.* плешка, плешь, шишка <румяная, красная, синяя, мясистая, сочная, здоровенная, конская, сморщенная; засунуть [вынуть, совать] залупу>

ЗАСИРА́ТЬ *несов.*, **ЗАСРА́ТЬ** *сов.*

1. *груб.* загадить || Нужник был жутко засран, надо было сделать над собой усилие, чтобы не сблевать.

2. *вульг.* загрязнить || Новую квартиру как засрали! Их надо назад в курную избу переселить. || Стол, подоконник и даже часть пола были засраны какими-то бумажками, коробочками, проволочками, винтиками и чёрт знает каким дерьмом. • **засирать мозги** сбивать с толку, пытаться переубедить || Ты нам мозги не засирай! Как-нибудь без тебя сообразим, что к чему. || Этот прохиндей нам всё мозги засирал, как у них там хорошо и богато. Не клюнем ли мы, к ним переселиться.

ЗАХУЯ́РИТЬ *сов. неценз.*

об интенсивном действии: ударить, всучить, закинуть || Он так его по кумполу захуярил, что тот сразу и упал. || Иванову захуярили десять суток строгача. || Мячик он так захуярил, что найти его теперь никак не может.

ЗАХУЯ́ЧИТЬ *сов. неценз.*
то же, что захуярить

ЗЛОЕБУ́ЧИЙ *неценз.*
садистский

ЗЛОЕБУ́ЧКА *м./ж. неценз.*
садист(ка)

И

ИЗМУДО́ХАТЬ *сов. неценз.*
измучить, извести, издёргать || Следователь измудохал меня всего. Что я могу сделать, если мне ничего неизвестно? || Не всплачет никто, не заохает, / Когда меня измудохают / И вышвырнут на бездорожье, / Чтоб в страхе крестились прохожие. (*Н. Грачёва, «Литературная газета»*)

К

КОВЫРЯ́ЛКА *ж. эвф.*

1. онанистка

2. лесбиянка

КОЗЁЛ *м.*

1. *вульг.* педераст

2. *общебранн.* оскорбительное название мужчины || У, козёл! Рукав мне оторвал. Как я теперь домой покажусь? (*после драки мальчишек*) || Пошёл, козёл, отсюда! || Сломал всю прокладку! Козёл!

КОНЕ́Ц *м. эвф.*

половой член || Пяль на конец любую блядь (*кого попало*), бог увидит, сжалится и хорошую даст. || *В автобусе* (*пошлый каламбур*): Молодой человек, вы скоро умрёте? — ? — Я чувствую ваш конец.

КОНЬ:

конь без мудей *неценз.* мужеподобная баба

КУ́НЬКА *ж. неценз.*

вульва, вагина

КУ́РВА *ж. вульг.*

проститутка || Долго тут эта курва выкаблучиваться будет? || Привязалась к нему курва одна подзаборная.

М

МАЛАФЕ́ЙКА *ж. неценз.*

сперма || Портки у него все в малафейке вымазаны.

МАНДА́ *ж. неценз.*

1. вульва, вагина

2. *общебранн.* мерзавка, сволочь, дурак, рохля, разиня

МАНДЁЖ *м. неценз.*

1. онанизм

2. пустое, бесполезное дело

МАНДОВО́ШКА [МАНДАВО́ШКА] *ж. неценз.*

1. лобковая вошь

2. *общебранн.* презренный человек (*ругат. по отношению к женщине и мужчине*) || Что ты приёбываешься? Чеши отсюда, мандавошка ёбаная, пока не огрёб!

МАНДРА́Ж *м. неценз.*

страх || Чего дрожишь? Мандраж берёт? || Полковник-зверь нагнал на него такой мандраж, что он даже после демобилизации был какое-то время забитый и нелюдимый.

МАНДРАЖИ́РОВАТЬ *несов. неценз.*

бояться || Что ж он молчит? — Мандражирует. Если он со своими разоблачениями вылезет, ему это всё может выйти очень боком.

МАТ *м.*

самое сниженное сквернословие <трёхэтажный [отборный, сплошной, страшный] мат; ругаться матом, поносить [обзывать, крыть, послать, чихвостить, пробирать, песочить, пушить, отделывать] кого-л. матом> || А нельзя ли без мата? || Я попросил его сделать транзистор потише, а он пустил меня матом. || В пивной стоял сплошной мат. || Мат у него на каждом шагу. || И не стыдно тебе матом ругаться, здесь женщины, дети. || Становится в последнее время чуть ли не модным среди дамочек, которые считают себя интеллигентными, пробавляться матом. К счастью, это пока происходит при «закрытых дверях» и у людей особого склада. Правда, бывает и мат «на вынос», когда, например, молоденькая девчонка демонстративно при всём честном народе дует отборным матом. || Ой, Семёновна, / В пору гласности / Ты кроешь матом всех, / И меня — в частности! (*частушка*)

МАТЕРИ́ТЬ *несов.*

ругать матом || Когда он не в духе, он материть может любого. || Она материт даже своих детей. Что же потом можно спросить с них, когда они растут в такой обстановке?

МАТЕРИ́ТЬСЯ *несов.*

ругаться матом || Как он услышал, что за плохую работу ему ничего не заплатят, он пошёл материться и пригрозил построенный им сарай поджечь. || Он считает особым шиком позволить себе (по)материться в приличном обществе.

МА́ТЕРНЫЙ

содержащий мат <матерные слова [выражения, ругательства, частушки, стихи, песни], матерная ругань [брань], матерный язык; (вы)ругать(ся) матерно>

МАТЕРЩИ́НА *ж.*

мат, грязная брань <сила [засилье, заразительность, живучесть, отвратительность, распространённость, опасность] матерщины; бороться с матерщиной, искоренять матерщину> || Этот романчик отталкивает своей бездуховностью, низменностью вкуса, матерщиной и выпендрёжем стиля.

МАТЬ:

мать вашу [его] так! мать твою так [растак]! растуды вашу мать! мать вашу [твою]! вашу [твою] мать! мать его за ногу! едри твою мать! мать твою перемать! так твою мать! *попытка облагородить выражение «ёб твою мать», практически не снимающая нецензурности*

МАТЮ́Г:

пустить кого-л. матюгом выругать кого-л. матом

МАТЮГА́ТЬСЯ *несов.*

см. материться

МАШИ́НКА *ж. эвф.*

мужские гениталии || Ей только его машинка нужна, а что он сапог сапогом и дурак, каких свет не видывал, ей всё равно. || У него машинка не работает, его Манька даёт налево. || Отчего я похудела, / Отчего потонила? / Довела меня любовь. / И машинка Колина. (*частушка*)

МЕША́ЛКА:

по пизде мешалкой *см.* пизда 1

МУДА́К *м. неценз.*

общебранн. (*по отношению к мужчине*) очень распространённое оскорбление, порицание || Я пива не достал, уже всё закрыто. — Мудак! || Эти мудаки не понимают, что так действовать нельзя. || Как это я с такими мудаками связался. Ничего не умеют. || Ну что, мудак, вылупился? Не знаешь, что делать?

МУДЁ *мн. ч. неценз.*

1. а) мошонка б) мужские гениталии || Убери ты этого чудика отсюда, а то будет тут ходить и мудями трясти. Толку от него никакого. || Действовать надо, а эти мудаки только муде себе чешут.

2. *перен.* расплывчато негативное понятие || Что они там обо мне скажут, мне всё плешь муде, я буду гнуть своё. || Согласен на этих условиях? — Муде. Потом вы всё равно объебёте.

МУДИ́ЛА *м. неценз.*

то же, что мудак || Нашли кого спрашивать. Этот мудила всё только провалит. || Ну кто так завинчивает? Мудила! || Эй, мудила хуев, чего остановился? Давай вкалывай дальше!

МУДИ́ТЬ *несов. неценз.*

чушь пороть, голову морочить || Кончай мудить! Кому это интересно!

МУДНЯ́ *ж. неценз.*

ерунда, чушь || Какую мудню развели! Голову

людям только морочат. || Всё это мудня! Причина в другом.

МУДОЗВО́Н *м. неценз.*

пустомеля, пустозвон || И ты этому мудозвону поверил! || Такой мудозвон соврать недорого возьмёт. || Что мелешь, мудозвон хуев!

МУДО́ХАТЬСЯ *несов. неценз.*

возиться с чем-л. || Час мудохались, пока стекло вставляли. || Ну что мудохаешься, мы же опаздываем. || Буду я с ними мудохаться! Отпущу их пораньше и домой пойду.

МУДЯ́НКА *ж. неценз.*

канительное, нудное дело; затягивание, медлительность || Когда только эта мудянка с капремонтом кончится? || Прямо они не отказывают, а тянут мудянку — не знаешь, во что это выльется. || Ну кто этот квартет слушает? Мудянка одна.

Н

НАВАЛИ́ТЬ *сов.*, **НАВОРОТИ́ТЬ** *сов.*, **НАЛОЖИ́ТЬ** *сов. груб.*

испражниться || Наворотить три крутины по хомутине и семь решёт дробью. || Пошла Дуня за вагоны, / Чтобы там усесться срать. / Такую кучу навалила, / Что вагона не видать. (*частушка*)

НАЕБА́ТЬСЯ *сов. неценз.*

1. насытиться сексом || Наеблись и ушли, кобели поганые! || Девки спали, не слыхали, / Как там воры ворвались, / Запертой замок сломали / И досыта наеблись. (*частушка*)

2. наработаться, измучиться, перетрудиться || И наеблись мы с этой побелкой! Эмульсионная краска старая, почти негодная, пришлось её разбавлять. Кисти плохие. Морока. || На сенокосе наеблись мы и заснули как убитые.

НАЕБНУ́ТЬ *однокр. неценз.*

1. ударить || Наебнул я его по кумполу, а он ни хуя, стоит и на меня глаза таращит.

2. съесть || Наебнул две тарелки щей и пошёл работать дальше.

НАМУДО́ХАТЬСЯ *сов. неценз.*

намучиться с чем-л. || Ну и намудохались мы с переездом! || Намудохался, так и отдохни теперь. Ты заслужил, успел всё вовремя кончить.

НАСРА́ТЬ *сов.*

1. *груб.* нагадить || Надо же, мимо унитаза насрали! Вот свиньи!

2. *вульг.* обнаружить безразличие || Мне на ваше постановление [на это распоряжение, на начальника твоего, на то, что сейчас по звонку всё закроют] насрать. Я буду делать, что мой директор велел. || Насрать я могу на тебя и всех твоих прихвостней вместе взятых, я сам себе голова.

НАССА́ТЬ *сов. груб.*

помочиться || Больной у окна утку полную нассал. || Старик в штаны нассал. || Манька-то вон какую лужу нассала.

НАТЯНУ́ТЬ *сов. вульг. эвф.*

иметь половое сношение с женщиной || Он натянул медсестру, она ему спирту дала. || Таньку-то он натянул всё-таки.

НЕДОЁБАННЫЙ *нецենз.*

1. недоделанный, придурковатый, слабенький, странный || Не пускайте вы этого недоёбанного на наш сложный участок. Ведь потом греха не оберёшься. || Не обижай ты этого недоёбанного! Жалко его.

2. *общебранн. усиливает отрицательность* || Ах ты, мудила недоёбанный! || У, козёл недоёбанный, мать его ети!

НЕ́ХУЯ *местоимение нецենз.*

нечего || Нехуя раздумывать. Возьми это, и всё. || Там мне делать нехуя. || Нехуя меня запугивать! || Ему жрать нехуя, а шмотки покупает. || Одному это тяжело. — Нехуя его жалеть, унесёт. Он стожильный.

О

ОБОСРА́ТЬСЯ *сов.*

1. *груб.* обкакаться || У меня дрист. Я обосрался совсем. || Опять обосрался, снова штаны менять. || Карета подкатила к подъезду, и тут наша лошадь обосралась. Срам!

2. *вульг.* испугаться, спасовать || Он обосрался и с нами на мокрое дело не пошёл, мудозвон ёбаный. || Ну как? Рискнём? Ааа, обосрался!

3.: наша жизнь телячья, обосрался и жди (пока вымоют); твоё дело телячье — обосрался и молчи [и жди, и стой] *вульг.* ерепениться, возражать бесполезно; рассуждать нечего — правоту не докажешь

ОБЪЕБА́ТЬ *сов. неценз.*

1. обмануть || Махнулись они часами, и его, конечно, объебали — всучили плохие. || Такую жопу, как он, объебать нетрудно, а ты вот ушлого Яшку попробуй сладить.

2. опередить || Сунулся он со своим предложением, а оказалось, что уже месяц назад его объебли другие с ещё более совершенным двигателем.

ОРЁЛ:

срать орлом *груб.* испражняться на корточках (*а не сидя на унитазе*)

ОТХУЯ́РИТЬ *сов. неценз.*

1. отбыть (*срок заключения*) || Отхуярил он пятнадцать лет и в последний день дал дуба.

2. изругать || Отхуярил его помкомвзвод и послал сортир чистить.

3. обработать || Отхуярил в казарме пол до блеска и пошёл кемарить.

ОТЪЕБА́ТЬ *сов. неценз.*

1. совокупиться с женщиной || Она до тех пор от тебя не отстанет, пока ты её не отъебёшь. || Двух отъёб, и подавай ему третью! Ну ёбарь! || Эй, старик, не хочешь ли пиздятинки? — Я своё отъебал.

2. отругать || За что это он тебя так отъебал? || Я его так отъебу, что у его охота навсегда отпадёт в самоволку бегать.

ОТЪЕБА́ТЬСЯ *сов. неценз.*

отстать, отвязаться || Прилип как банный лист — дай ему пилу, да и только. Насилу я от него отъебался. Не жалко, а не вернёт ведь, мудак такой. || Привязался ко мне — почему у меня перерыв в стаже (это когда я в тюряге был) — и никак не хотел от меня отъебаться.

ОХУЕ́ТЬ *сов. неценз.*

потерять всякое соображение, одуреть, обалдеть || Ты что, охуел, что ли? Это же нельзя брать, это кому-то принадлежит. Тебя сразу сцапают — и под суд. || Ты охуел совсем — грязными лапами выстиранные простыни хватаешь! || Что он несёт (*в выступлении на собрании*)! — Ему это не простят, он наживёт себе врагов. Совсем охуел мужик. || В такой мороз в прорубь купаться лезть — охуеть можно.

ОХУЙТЕЛЬНЫЙ *нецenз.*

необыкновенный, потрясающий || Угощение у неё охуительное, лучший ресторан ей в подмётки не годится. || Вид с горы охуительный. || Больно ему было охуительно как. || Тошно мне стало, ну просто охуительно.

П

ПА́ЛКА *ж. груб. эвф.*

пенис, половой член || Этой бэ только бы палка была. || У меня опять палка встала. || Такой палкой кого хошь отодрать можно. || Вот это палка! На всех хватит. || Засунь ей палку, спасибо скажет. • **палку кидать [бросать]** иметь половое сношение || В такую дождливую погоду им ничего не оставалось, как в палатках валяться, да палку кидать.

ПЕДЕРА́СТ *м. вульг.*

общебранн. (*применяется к гетеросексуальному мужчине*) || Ну кто так делает, педераст хуев! || Я из этого педераста котлету сделаю — опять стучать ходил.

ПЕРДЕ́ТЬ *несов. груб.*

см. пёрднуть

ПЁРДНУТЬ *однокр. груб.*

громко выпустить газы || Вдруг он как пёрднет! Стёкла задрожали. || Один мужик оглушительно пёрднул. «Перезимует!» — сказал кто-то. || Ну что он ни скажет — как в лужу пёрднет. Лучше бы уж не совался со своей дурью.

ПЕРДУ́Н *м.*

1. *груб.* кто много пердит

2.: **старый пердун** *вульг. уничиж.* старик, старикашка

ПЕРЕБЗДЕ́ТЬ:

тебя не переспоришь, как свинью не перебздишь *вульг.* говорится при невозможности кого-л. переубедить

ПЕРЕЕБА́ТЬ *сов. нецენз.*

совокупиться со многими || Он хвастался, что переёб всех баб нашего дома отдыха.

ПИ́ДОР *м.*

нелитературное сокр. от «пидорас» (*искаж.* педераст, *см.*)

ПИЗДА́ *ж. неценз.*

1. вульва, вагина <маленькая, большая, шляпой не прикроешь, чешется, усохла вся, мохом поросла, хуя просит, вертеть пиздой, подставлять пизду> || Не ходите, девки, замуж — / Ничего хорошего. / Встанешь рано — титьки набок, / И пизда взъерошена. (*частушка*) || Девки бегали по льду, / Простудили всю пизду. / А без этой, без пизды — / Ни туды и ни сюды. (*частушка*) || Почему хуй в пизде стоит? — Потому что сесть некуда. • **(сейчас) пизды получишь!** *угроза* || Сунешься туда, пизды получишь. || Ещё раз поймаю, пизды получишь. • **дать пизды кому-л.** проучить, наказать кого-л. || За такое блядство им надо пизды дать! Суки ёбаные! || Дай ему пизды, чтоб не возникал другой раз! • || **по пизде мешалкой** выгнать кого-л., отказать в чём-л. || Он думал, что его там с распростёртыми объятиями принимать будут, а его по пизде мешалкой. || По пизде мешалкой суку эту гнать надо, чтоб и духу его здесь никогда не было. • **пизда рыбий глаз!** *восклицание осуждения, удивления* • **неважно, что морда овечья, была бы пизда человечья** *пословица* о некрасивой женщине • **глаз не пизда, отморгается** в утешение говорится при засорении, повреждении глаза • **смех смехом, а пизда всё-таки вверх мехом** а как же всё-таки это понять [решить, сделать, наладить]? • **пиздой накрыться** не осуществиться, не исполниться || Обещанный отпуск [отгул, концерт, приезд большого специалиста] пиздой накрылся! Обманули нас. || Прибавка к зарплате [поездка в Америку, премия, амнистия] пиздой накрылась. Я сразу сказал, что надежды нет, а ты всё надеялся. • **в пизде!** ответ на вопрос *где?* || А деньги где? — В пизде! || А качок где? — В пизде! Слинял. || Где сидор твой? — В пизде! Увели и спасибо не сказали. || А где ты этот маг доставать будешь? — В пизде. Не твоё это дело. Много будешь знать, скоро состаришься. || А водка где? — В пизде! Накрылась! Буфетчицу мент забрал. • **пошёл в пизду! [в пизду! в пизду на переделку!]** пошёл к чёрту!, отстань! || Пошёл в пизду со своими уговорами [утешениями, извинениями, просьбами, приставаниями, обещаниями]! || И это ещё делать? В пизду! Сам всё доделаешь. || Ну тебя в пизду! Пошёл! Надоел на хуй. || Куда это нас ведут? — В пизду на переделку. || А вот эти кирпичи (с трещиной) куда? — В пизду на переделку (*они не нужны*)!

2. *менее употр., чем син.* пиздец; конец || Теперь этому несуну пизда пришла — всё, что с завода выносишь, проверять стали. || Зашибал он здорово. Вдруг — пизда — инфаркт! Завязать пришлось. || *Анекдот:* Всем езда, одному пизда — свадебный кортеж; одному езда, всем пизда — к нам едет ревизор; ни езды, ни пизды — авиакатастрофа.

3. *общебранн.* (*преим. о женщине*) || Что этой пизде от тебя надо? || Выдвори эту пизду отсюда! Она ко всем пристаёт.

ПИЗДАНУ́ТЬ *однокр. неценз.*

1. ударить || Снаряд как пизданул в их окоп, так всех и засыпало. || Видел, как самосвал красного «Жигулёнка» пизданул? Весь капот помял. || Сейчас как пиздану по ебальнику! Забудешь, как звали.

2. украсть || У неё на барахолке кошелёк, паспорт, водительские права, всё пизданули. Документы потом подкинули, а деньги всё — улыбнулись.

ПИЗДЁЖ *м. неценз.*

чепуха, ерунда || Это всё пиздёж, что ты говоришь. Никто тебе не поверит, что так всё было. || Что там на собрании было? — Пиздёж один, из пустого в порожнее переливали. || Кто этот пиздёж выдумал [сделал, предложил]? • **без пиздежá** без обмана, без подвоха || Устрой мне грузовичок кирпича! Привезёшь в пятницу! Только без пиздежа!

ПИЗДÉТЬ *несов.*, **ПИЗДИ́ТЬ** *несов. неценз.*

расплывчатое значение осуждаемого действия: обманывать, хитрить, выкручиваться, ерундить, нести ахинею, отказываться, увиливать и т. п. || Ну что ты пиздишь! Всё совсем не так было. || Не пизди! Я этого не говорил. || Уж дал слово — не пизди. Мы на тебя надеемся. || Серёга теперь миллион получает. — Не пизди! Таких ставок там нет. || Не пизди! То тáк ты говоришь, то э́так. Не знаешь, чему верить.

ПИЗДÉЦ *м. неценз.*

конец || Пиздец нашей кооперации! || Зашухерили их малину, им всем пиздец. || Выгнать его, и пиздец! Тогда все вздохнут спокойно. || Дострогаю ещё эти две доски, и пиздец! На сегодня хватит. || Он болел, болел, всё было ничего, а сейчас пиздец ему пришёл — рак! || У меня с ней больше ничего: жопой об жопу и пиздец! Найду другую. || Пиздец! Пробки перегорели.

ПИЗДОРВА́НЕЦ *м. неценз.*

1. развратник || Сколько девок этот пиздорванец перепортил!

2. *общебранн.* (*о мужчине*) || Зачем опять припёрся, пиздорванец ёбаный? || Кто тебя просил вмешиваться в наше дело, пиздорванец хуев? || Ну погоди, пиздорва нец, я тебе покажу, как воровать у своих!

ПИЗДОРВА́НКА *ж. неценз.*

1. шлюха || Эта пиздорванка будет у нас мужиков отбивать? Гоните, девочки, её на хуй!

2. *общебранн.* (*о женщине*) || Эта пиздорванка всех перессорила. || Всякая пиздорванка обзывать ещё будет! Гони её в шею!

ПИЗДЮ́К *м. неценз.*

человек-дерьмо, ничего не стоящий (*о мужчине*) || Пиздюк! Всё запорол. || Как ты мог такого пиздюка в напарники взять? || Ты, пиздюк, в этом ни хуя не петришь. || Ну и с пиздюками я связался — ничего не умеют. || Разве этот пиздюк слово держать будет? || Всех продал. Пиздюк!

ПИЗДЮЛИ́ *мн. ч.:*

пиздюлей кому-л. навешать [надавать] *неценз.* побить, избить, поколотить кого-л. || Будешь к Нинке приставать, пиздюлей навешаю, так и знай! || Как ты ему пиздюлей навешал!

Здорово! Долго помнить будет. || Отвали, а то пиздюлей навешаю! || Эти помириться пришли, всё загладить, уладить, а им пиздюлей надавали. Не повезло бедолагам.

ПИЗДЯ́ТИНА *ж. неценз.*

женщина как объект сексуального вожделения || Пиздятины ему захотелось, пошёл к блядям. || На пиздятину его вскидывает, бабу ему подавай. || Здесь пиздятиной пахнет (*тут бабы есть*), можно палку поставить.

ПИСТО́Н:

пистон поставить кому-л. *вульг. эвф.* совокупиться || Эх, хорошо воскресенье провёл, три пистона поставил. || Что она такая злая ходит? — Не ёбаная потому что. Пистон ей надо поставить.

ПЛЁШКА *ж. груб.*

головка полового члена,. *см.* залупа, плешь, шишка || Плешка у него из трусов выпирает. || Гармонист, гармонист, / Плешка фиолетова, / Тебе девки не дают / Только из-за этого. (*частушка*)

ПЛЕШЬ *ж. груб.*

головка полового члена, *см.* залупа, плешка, шишка

ПОДОСРА́ТЬ *сов. вульг.*

напортить, навредить, подвести || Я этого мудака из говна вытащил, человеком сделал, и не кто-нибудь, а он мне так подосрал! || Он, конечно, мудила, положиться на него нельзя, но подосрать он не может.

ПОДЪЕБА́ЛА *м./ж. неценз.*

подстрекатель, провокатор || Этот подъебала так и норовит со своим замечаньицем влезть, чтоб показать, какой он хороший и какие все вокруг плохие. || Своей головы у этого дуроёба не хватило. Это его подъебала Мишка натолкнул сделать такую гадость.

ПОДЪЁБЫВАТЬ *несов. неценз.*

1. подначивать, подстрекать || Когда шеф с него стружку снимал, нечего было тебе подъёбывать.

2. говорить колкости || Что ты всё подъёбываешь! Я же тебе не говорил ничего обидного. Ну и ехидна же ты!

ПОЕБА́ТЬСЯ *сов. неценз.*

1. иметь половое сношение || Э, хорошо я вчера поебался! || Поебался? Теперь у тебя настроение поднимется.

2. поработать, помучиться с чем-л. || С этим пнём поебался я — одни корни и сучья, никак не расколешь. || С разборкой приёмника пришлось поебаться, досталось нам!

ПОЛОЖИ́ТЬ:

хуй на кого-л., что-л. положить *неценз.*, *сокр.* **положить на...** *вульг.* не бояться кого-л., чего-л., наплевать на кого-л., что-л. || Что мне твой шеф! Я на него (хуй) положил. || Инструкции эти для меня мудня, я на них хуй положил, с прибором. || Соседи нам не разрешают заводить собак. А я на них положил.

ПОСТА́ВИТЬ *сов. кому-л.*

1. поставить бутылку, поллитра || Поставь (бутылку), мы тебе всё в два счёта сделаем. || Не соглашается этот дуроёб ни в какую. — А ты ему (поллитра) поставь — разрешит.

2. = пистон поставить || Ты ей (пистон) поставишь, она тебе билеты запросто достанет. || Что ей никто не поставит? Бешеная, на всех как собака бросается. — А на неё не встанет.

ПОХУЙСТ *м.*

тот, кому всё безразлично, пó хую || Ему легко жить, он похуист. || То, что наш начальник похуист, ещё не самое плохое. Правда, он дéла не делает, зато к нам не пристаёт.

ПРИЕБА́ТЬСЯ *сов.*, **ПРИЁБЫВАТЬСЯ** *несов. неценз.*

придираться, приставать || Химичка приебалась ко мне, почему я две лабораторки не сдал, ну потом я устно за них отчитался. || Ты ей пистон поставь, чтобы не приёбывалась, сука такая!

ПРО́БЛЯДЬ *ж. неценз.*

1. очень развратная женщина || У этой проблядь не просыхает, один уходит, другой уже тут как тут. || Эта проблядь всю дивизию обслуживает и будет мне ещё мораль читать?

2. страшно подлый, непорядочный человек || Нагрели тебя? Так тебе и надо. Нечего было с такой проблядью связываться. || Ну погоди, проблядь, я тебя подведу под монастырь! || Обобрали совсем эти дружки его, проблядь уголовные!

Р

РАЗЪЕБА́Й *м. неценз.*

дурак, рохля, балда || Что за разъебай наш бригадир! Опять всё прохлопал. || Тут соображать надо. Разъебаям, как ты, у нас не место. || Пароход упёрся в берег, / Капитан кричит: «Вперёд!» / Как такому разъебаю / Доверяют пароход? (*частушка*) || Это ещё что за новый разъебай здесь появился? || Видали мы таких разъебаев, как ты! Валяй, проваливай отсюда! || Ну ты, разъебай хуев, подвинься! Разосрался на дороге, людям мешаешь.

РА́КОМ *груб.*

на четвереньках, со спины, задом <стать, стоять, поставить, (вы)ебать, дать, любить> || *Каламбур:* Всё изменилося под нашим Зодиаком — Лев Козерогом стал, а Дева стала Раком.

РАСПИЗДЯ́Й *м. неценз.*
то же, что разъебай

С

СЕ́КЕЛЬ *м. простонар.*
клитор

СИКУ́ХА *ж. вульг. презр.*
девушка, женщина || Сикухам в военном лагере делать нечего. || Какая-то сикуха здесь командовать будет? Мы против.

СИКУ́ШКА *ж. вульг. презр.*
то же, что сикуха (*только смягчённее*) || Что это он за сикушку привёл? || Сикушка эта ему при всех дать готова.

СИ́СЬКА *ж. груб., мн. ч.* **си́ськи**
женская грудь; груди <толстые, жирные, мясистые, пудовые, отвислые, высохшие, болтаются, торчат, выставлять, хватать за..., мять, трясти сиськами, из бюстгальтера вывалились> || Я жену себе нашёл / На Кольском полуострове. / Жопа есть и сиськи есть, / Слава тебе, господи! (*частушка*)

СКИПИДА́Р:
намазать жопу скипидаром *вульг.* поддать жару кому-л., заставить поторопиться || Этому мудиле недоёбанному жопу скипидаром нама-

зать надо, чтоб он побыстрей поворачивался, а то ведь его только за смертью посылать.

СПУСКА́ТЬ *несов.*, **СПУСТИ́ТЬ** *сов. груб.* испытывать оргазм, эякулировать <быстро, три раза, никак не суметь спустить> || Он может часами не спускать. || Ты уже спустил? || С ним она никогда не спускала.

СОСА́ТЬ:

хуй кому-л. сосать *неценз.*

1. *буквально:* Соловей, соловей, пташечка, / Канареечка жалобно поёт. / Молодая девушка / У меня сосёт. (*вариация солд. песни*)

2. *перен.:* **соси! [хуй соси!, ты у меня пососёшь!]** категорический отказ; сильное оскорбление; угроза || Поможешь нам, копнёшь две грядки? — Хуй (по)соси! Дураков нету! || Тебе этот тёс не нужен, уступи. — Соси, не нужен! Я крыльцо перестраивать буду. || Ты у меня пососёшь, мандавошка ёбаная, я тебе покажу, как к чужим бабам приставать.

СРА́КА *ж.*

1. *груб.* анальное отверстие || Подмой его — не может же он с грязной сракой бегать. || Он сел сракой на ржавый гвоздь и в больницу попал.

2. *вульг.:* **а ну его в сраку! [пошёл ты в сраку!]** выражение неприятия, несогласия, брани, недовольства

СРА́НЫЙ

1. *груб.* испачканный в испражнениях || Портки его сраные на верёвке висят. || Кому захочется пелёнки да простыни сраные стирать?

2. *вульг.* очень грязный || Какой квартирант в его сраную избу пойдёт? || Нельзя же хлеб положить в эту сумку сраную.

3. *общебранн. вульг.* никудышный, очень плохой || Бригадир какой-то сраный ещё нас обзывать будет! || А я на них положил, на эти постановления сраные.

СРАНЬЁ *с. груб.*

1. испражнения, грязь, нечистоты || Чтоб в два счёта сраньё это отмыть!

2. «стул» (*процесс*) || Сраньё у него полчаса длится — запоры.

СРАТЬ *несов.*

1. *груб.* испражняться || Срать хочу, где здесь нужник? || Он срёт орлом, а не сидя. || Хорошо в краю родном, пахнет сеном и говном. Сядешь срать, хуй щиплет травку, жопа нюхает цветы... • **я с ним на одном поле срать не стану** я его презираю • **срать и родить нельзя погодить** *посл.* это невозможно отложить

2. *вульг.* пренебрегать, презирать || Срать я на него хотел, на вашего старосту, с высокой ёлки! || Он может здесь сколько угодно срать, ему — что, он отъезжант, хлопнет дверью и уедет. || Он срёт на всё и всех, и на тебя тоже. || Срать нам на ваш запрет, мы будем делать, что считаем нужным.

ССА́КИ *мн. ч.*

1. *груб.* моча <ведро с ссаками, вылить ссаки, воняет ссаками>

2. *вульг.* плохой чай || Что ты мне ссак наливаешь? Завари нового!

ССАТЬ *несов. груб.*

мочиться || Ссать хочу! || Ссы в парашу! || Не можем же мы седьмой час не ссать. • **ему ссы в глаза — божья роса** *вульг.* его ничего не трогает, его ничем не проймёшь

СТАРПЁР *м. вульг.*

старый пердун, старик, старикашка

СУХОДРО́ЧКА *ж.*

1. *груб.* мастурбация || Суходрочкой занимаешься? Так, так. Пора на баб переходить.

2. *вульг.* неприятная возня, напрасные усилия || Осточертела мне эта суходрочка с трактором. Не ремонтировать его, а в утиль списать надо. || Клубок проволоки распутать? Это же суходрочка на целый день.

СЪЕБА́ТЬСЯ *несов.*, **СЪЁТЬСЯ** *сов. неценз.*

пострадать от половых излишеств || Сашуня наш съёбся совсем, похудел, круги под глазами.

Т

ТЕЛЯ́ЧИЙ

см. обосраться 3

ТИ́ТЬКА *ж. груб. простонар., мн. ч.* **ТИ́ТЬКИ**

женская грудь, *см.* сиська

ТИХОБЗДЕ́ЙЧИК *м. вульг.*

хитрюга, тихоня, действующий втихую, тихой сапой || Все стоят в очереди, а этот тихобздейчик уже всё как-то получить успел. || Кричать и открыто возражать он не будет, а как тихобздейчик своего добьётся.

ТРА́ХАТЬ(СЯ) *несов.,* **ТРА́ХНУТЬ(СЯ)** *однокр. вульг. эвф.*

заниматься сексом || Радист на нашем теплоходе трахает буфетчицу и медсестру. || Эх, трахнуть бы кого-нибудь. || Дозапрещались — теперь наш ребёнок трахается на стороне. || Трахнуться сегодня после танцев бедняге так и не удалось. || Что вы делали на турбазе? — Все из нашего (*школьного*) класса трахались по очереди. || *Локальный окказиональный каламбур:* Справка дана В.И. Ивановой, что она работала 21.2.67—28.8.68 трахсестрой (*в диспансере по борьбе с трахомой*).

Слово трахать *уже стало встречаться в газетах, в синхронных переводах фильмов, в непринуждённой речи. Ср. данное значение с другими конкретизациями семантически расплывчатого глагола* трахать: трахнуть речугу, трахнуть смачное ругательство при всех, трахнуть кого-л. по башке, трахнуть [украсть] бумажник || Что это трахнуло? — Взрыв какой-то. || Бандиты трахнули [ударили, убили] его в подъезде.

ТРУХА́Ч *м. груб.*

онанист

У

УЕБА́ТЬСЯ *сов. неценз.*

вымотаться, измучиться || Целую баржу дров разгрузили. Ох и уеблись мы на ней! || С мытьём окон уеблась я совсем.

УЁБЫВАТЬ *несов.*, **УЯ́БЫВАТЬ** *сов. неценз.*

уходить || А ну, уябывай отсюда! || Уёбывай скорей, пока тебя не зашухарили.

Ф

ФАЛОВА́ТЬ *несов. груб.*

лапать, тискать, обнимать || Он прижал её и начал фаловать, а она не против, курва ёбаная.

ФЁНЯ:

к ядрёной Фене *вульг.* к ебёной матери || Пошёл ты к ядрёной Фене, мудак! || Всё, что ты из продуктов принёс, к ядрёной Фене! Здесь всего и без того полно.

ФИГ *м.,* **ФИГА** *ж. вульг. «детский мат», эвф. нецензурного слова* «хуй»

кукиш, ничего || Я попросил у него велосипед покататься, а он показал мне фигу. • **смотрит в книгу, а видит фигу** читает невнимательно или не понимает, что написано || Что из того, что он долго занимается — смотрит в книгу, а видит фигу. Погулял бы уж лучше. || Там так написано. — Ничего подобного. Ты читал книгу, а видел фигу, всё-то там по-другому. • **фига с маслом! [фига (с) два]** совсем не, вовсе нет, совершенно ничего || Одолжи десятку. — Фигу с маслом тебе. Отдай старый долг сначала. || Делили, делили, а нам фига с маслом досталась. || Догонит он его? — Фига с два догонит! Тот мастер спорта. || Уступишь подешевле? — Фига с маслом! || Получил ты с них, что следовало? — Фига с два с них получишь! • **фиг с тобой [с ним, с ней]** чёрт с тобой [с ним, с ней] || А он сдачу-то тебе не дал! — Фиг с ним, пусть подавится. || Ты двугривенный уронил. — Фиг с ним, нагибаться с моим животом дороже. • **иди на́ фиг!** пошёл к чёрту! || Иди [пошёл] на фиг, не клянчи, ничего не получишь. || Может быть, она всё-таки права? — Иди на фиг со своими выгораживаниями! || Дай мячик поиграть! — Иди на фиг! (Он) самому нужен. • **ни фига́!** ни черта!, совсем нет!, ничего подобного! || Устал? — Ни фига! || Видишь что-нибудь? — Ни фига. ||Вот ведь гад — не помог ни фига! || Ведь она старается. — Ни фига не старается, лентяйка страшная!

ФИ́ГУШКИ! *вульг.*

отказ, возражение || Он это вернёт. — Фигушки! И не подумает. || Дай мне эту (почтовую) марочку! — Фигушки! Ты мне никогда ничего не даришь. || Да разрешит он вам это. — Фигушки разрешит! Плохо ты его знаешь! || Дай куснуть (*яблоко, мороженое*)! — Фигушки тебе, не дам!

Х

ХИТРОЖО́ПЫЙ *вульг.*

хитрый

ХЕР *м. неценз.*

пенис, половой член, *син.* хуй *см.* 1, 2 || Хер он это сделает (*в ответах*) || Этот хер откуда взялся? || Какому херу это понадобилось? || Это ещё что за хер? || Хер с ним [с этим] || До хера́! || За́ хером? || На́ хер? || Какого хера ему надо? || Ни хера́! || Пошёл на́ хер! || Хер тебе! || Хер тебе в глотку!

ХЕРНЯ́ *ж. неценз.*

см. хуйня

ХЕРОВА́ТЫЙ, ХЕРО́ВЕНЬКИЙ *неценз.*

плохонький <херовенькое [хероватое] пальтишко [здоровье], хероватые [херовенькие] сапоги, условия хероватые>

ХЕРО́ВИНА *ж. неценз.*

см. хуёвина

ХЕРО́ВЫЙ *неценз.*

см. хуёвый

ХРЕН *м. вульг. эвф. нецензурного слова* «хуй»

Нам хотели запретить / Девок трахать, хуй дрочить. / Ах вы, запретители, / Хрена не хотите ли? (*частушка*)

ХРЕНО́ВИНА *ж. вульг.*

чепуховина, штуковина

ХРЕНО́ВЫЙ *вульг.*

очень плохой <хреновая жизнь [работа, погода, еда], квартира хреновая>

ХРЕНОТА́ *ж. вульг.*

жуткая чепуха || Ну что ты хреноту несёшь! Всё совсем не так было. || Какая-то хренота тут написана.

ХУЁВИНА *ж. неценз.*

1. чепуха, чушь || Хуёвину ты городишь, всё было не так. || Надоела мне твоя хуёвина, не уговаривай больше. Я не согласен, и всё.

2. вещь, предмет || Вот эту хуёвину вставляешь сюда и прибиваешь, а ту хуёвину надо отодрать. || Положи эту хуёвину в ящик. || Этой хуёвиной голову пробить можно.

ХУЁВЫЙ *неценз.*

очень плохой || Жизнь пошла хуёвая. || Баба она хуёвая, злая и вредная. || Ротный нам хуёвый попался — зверь. || Настроение хуёвое, здоровье тоже, душу отвести не на чем. || На душе как-то хуёво. || Хуёво они нас приняли.

ХУЁК *м. неценз.*

маленький половой член || Маленький хуёк — пизде королёк. (*посл.*) || Пущай Микитка не ахти какой хуёк, зато свой и ебучий.

ХУЕСО́С *м. неценз.*

сильное оскорбление общебранного характера с расплывчатым значением || Ты, хуесос ёбаный, чеши отсюда! || Заебал меня старшина, хуесос сраный. || Убью, хуесос!

ХУЙЛО *м. неценз.*

очень большой половой член

ХУЙЩЕ *м. неценз.*

очень большой половой член

ХУЙ *м. неценз.*

1. пенис, половой член <хуй большой [маленький, здоровый, здоровенный, толстый, тонкий, крошечный, длинный, до колен], бог семерым нёс — одному достался, стоит (как палка), не стоит, встаёт, поднимается, опускается, ложится, на неё у меня не встаёт (*она непривлекательна*), засадить ей (по самые яйца), засунуть, поставить, вынуть, сосать, взять в рот [в руку], дрочить> || А Ванюха у нас, когда его спрашивают, встанет как хуй, покраснеет и молчит. || Он совсем ослабел — двумя руками свой хуй согнуть [положить] не может. || У неё такой голос, будто она после бани холодный хуй сосала. || Хуй и пизда из одного гнезда. (*граффити*) || Мимо тёщиного дома я без шуток не хожу: то ей хуй в окно засуну, то ей жопу покажу. (*частушка*) || На окошке два цветочка — / Голубой и аленький. / Ни за что я не сменяю / Хуй большой на маленький. (*частушка*) || Не ходите, девки, в баню — / Там сейчас купают Ваню. / Окунают в купорос, / Чтоб у Вани хуй подрос. (*частушка*) || Я дала интеллигенту / Прямо на завалинке. / Девки, пенис — это хуй, / Только очень маленький. (*частушка*)

2. *общебранн.* (*адресов. мужчине*): Ну ты, хуй, чего расселся! || Что это ещё за хуй здесь появился, чего ему надо? || Эй, хуй, бери лопату и копай дальше! || Тебя там какой-то хуй в очках спрашивает. || Этот хуй Иванов раскололся и нас всех накрыли. || В тебе есть что-то северное — не то ты хуй моржовый, не то ты морж хуёвый (*клише-уэллеризм*). || Ах ты, хуй собачий, уж не мог её защитить!

3. *в роли служебных слов:* а) не || Хуй меня тогда пожалели, эти гады, эти хапуги! || Готово? — Хуй готово. Ещё на два дня работы. || Билеты сейчас ты хуй достанешь. б) нет || Слезай с нар! — Хуй! Никуда я не пойду. || Выходи уголь разгружать! — Хуй! Сам иди! в) кто || Придёт ли он? — А хуй его знает. || Какой хуй там так стучит? || Это ещё что за хуй такой выискался в наши дела соваться? г) никто || Хуй ему кто поверит. || Ни один хуй не заступился за неё. д) никогда, никак, ни за что, ни при каких обстоятельствах, ни в коем случае *и тому подобные отрицательные характеристики-обстоятельства* || Хуй они тебе помогут! || Хуй поймёшь, что он тут написал! || Хуй от него долг получишь. || Хуй он во всём сознается. || Хуй это пригодится. е) ничего || А? (*переспрос*) — Хуй на! (Чего ты сказал? — Да ничего. Не твоё дело.) || Чего? (*переспрос*) — Хуй через плечо! (*уход от ответа*) • **хуй с кем-л., чем-л.** ну ладно, наплевать || Не идёшь с нами? Ну и хуй с тобой. || Булочную уже закрыли? Ну, хуй с ним, завтра купим. || Не уговаривай его, хуй с ним, как хочет. || Хуй с ней, с этой бутылкой, ну, разбилась, и ладно. • **до хуя́** очень много || Денег у него [запасов у нас, времени до отхода поезда, знакомых тут всяких] до хуя. • **за́ хуем? [на́ хуй, на хуя́?, на кой хуй?, како́го хуя?]** зачем?, почему?, что? || За хуем она отправилась? || За хуем он тебе всё это рассказывает? || За хуем было звонить им? || Какого хуя мы здесь торчим? || Какого хуя ты мне мозги пудришь? || Какого хуя [на хуй] мне это нужно? || На хуй сдалась ей твоя дружба? || На хуй было всё это покупать? || На какой хуй ты это всё собираешь? • **ни хуя́** нет, ничего || Ты ранен? — Ни хуя, царапина. || Она тебя бросит. — Ни хуя. || Это же выгодно. — Ни хуя не выгодно. || Ни хуя не видно [не слышно]. || Ни хуя не понимаю. • **не хуя́ себе!** ничего себе *возглас удивления, неодобрения* || Не хуя себе! За два дня он лимон (*миллион рублей*) заработал! || Не хуя себе! Лучшие участки себе отхватили, а нам, что осталось, достанется. • **не́ хуя** нечего || Не хуя приёбываться к ним, они не виноваты. || Не хуя делать лишнее. || Не хуя туда соваться, пока тебя не спрашивают. || Не хуя выёбываться перед шефом. • **по́ хую** безразлично, неважно || Обидится она или нет, мне по хую. || Его разносят, а ему всё по хую. • **один хуй** безразлично || Иванова или Зыкина на эту должность назначат — один хуй. Ни тот, ни другой производства нашего не знает. || А ему один хуй, что пить, — только бы окосеть. || Сейчас мне дадут отпуск или в следующем месяце — один хуй, путёвки нет, буду дома сидеть.

4. *в словосочетаниях:* **на хуя́ козе баян?** никому это не нужно, *син.* нужно, как рыбке зонтик [как собаке пятая нога, как телеге пятое колесо] • **хуем груши околачивать** бездельничать • **от хуя уши** ничего || Сами себе всё заграбастали, а нам от хуя уши оставили. || А им что после делёжки осталось? — От хуя уши! • **ноль целых, хуй десятых** совсем ничего || При таких налогах навар будет ноль целых, хуй десятых. || Обещали расценки увеличить, а получили мы ноль целых, хуй десятых. • **с гулькин хуй [нос]** крошечный; очень мало || Выдернул морковку из земли — с гулькин хуй — и воткнул её обратно. || Что же ты масла взял с гулькин хуй [нос]! — А больше нету. • **с хуя сорваться** кинуться, рассвирепеть || Что это он с хуя сорвался, видно, сейф закрыть забыл. || Подари мне этот ножичек. —

Ты что, с хуя сорвался? || Как старшина его незаправленную койку увидел, пошёл его костить, как с хуя сорвался. • **хуй положить на кого-л., что-л.** совершенно не считаться с кем-л., чем-л. || А что мне директор? Я на него хуй положил, с прибором! || Комиссия меня проверять придёт? Хуй я на неё положил! || Починил бы замок-то! — Хуй я на него положил. Что мне, больше всех надо? • **пошёл на́ хуй!** иди ко всем чертям!, отстань!, ни в коем случае! || Пошёл на хуй со своими советами! || Ты всё-таки скажи, с кем ты спутался? — Пошёл на хуй! Не твоё это собачье дело. || Если ремонт в три дня уложить, они обещали заплатить двойную цену. — А пошли они на хуй с их тысячами! Лучше я на рыбалку поеду, чем в праздники вкалывать. • **хуя!, хуюшки!, хуй тебе** (в рот, в глотку, в жопу, в сраку)!, **хуй тебе сосать!, а хуя не хочешь?** *выражение категорического отказа, неприятия, неприязни* || Одолжи сотнягу до завтра. — Хуй тебе в рот! || Поработал бы ты на меня недельку! — Хуй тебе! || Подвезёшь до базара? — А хуя не хочешь? || Познакомь меня со своей тёлкой [гирлой]. — Хуя! Отобьёшь ещё.

5. *пословицы:* **дела как в Польше: у кого хуй больше [толще], тот и пан** а) у кого власть [деньги, нахальство], тот и выигрывает б) ничего хорошего в) никакого порядка, нет справедливости • **папа любит чай горячий, мама любит хуй стоячий** у всякого свой вкус • **суп рататуй — сверху баланда, снизу хуй** жидкая, пустая похлёбка • **ничего себе шутки — полхуя в желудке** тут шутки плохи; дело серьёзнее, чем кажется • **счастье не хуй — в руки не возьмёшь** удача мало кому достаётся • **хуй в чужих руках велик [толще]** *выражение зависти* • **кто там не был, тот будет, а кто был, тот хуй забудет** о тюрьме • **не пугай бабу толстым хуем, она толще видела** нечего запугивать! • **работа не хуй, стоять может сколько хочешь** работа может и подождать

ХУЙНЯ́ *ж. неценз.*

1. *абстрактно* ерунда, чепуха, плохое, ничтожное дело [обстоятельство] || Всё, что ты предлагаешь, нереальная хуйня. || Хуйню он какую-то несёт. Кому это всё надо? || Это ранение хуйня, а вот у меня в лёгком осколок сидит — вот это серьёзно. || От этой хуйни сдвиг по фазе получишь — и тогда готово: в дурдом на психовозке.

2. *конкретно* вещи, штуковина, барахло || Убери эту хуйню с дороги — людям пройти негде. || И зачем ты этой хуйнёй чемодан полный набил? || Над селом хуйня летала / Серебристого металла. / Очень много в наши дни / Неопознанной хуйни. (*частушка*)

ХУ́ЛИ *местоимение неценз.*

1. что || Хули тебе от меня надо? || Хули ты от нас хочешь?

2. почему?, зачем? || Хули ты ко мне приёбываешься? || Хули ты её обижаешь?

3. а что?, почему бы и нет? || Ты что упёрся как пень? — А хули? Другие тоже не соглашаются. || А нам хули? Где бы ни работать, только бы ничего не делать.

ХУЯ́К *наречие неценз.*

см. хуякнуть || Хуяк его по кумполу, он и свалился. || Зенитки хуяк, хуяк? и в небе разноцветные огни загорелись.

ХУЯ́КНУТЬ *однокр. неценз.*

ударить || Он его как хуякнет ломом по спине — тот и крякнуть не успел, как наземь рухнул.

ХУЯ́РИТЬ *несов. неценз.*

энергично что-то делать || Он шомполом ствол [пуговицы до блеска, на гармошке, палубу, пол, доску рубанком] хуярит. || Дождь хуярит по стеклу.

ХУЯ́СТЫЙ *неценз.*

с большим половым членом || Хотя он и хуястый, но как ёбарь он слабый.

ХУЯ́ЧИТЬ *несов. неценз.*

энергично что-то делать (стучать, забивать, бить, работать, ярко светить, нестись, спешить и т. д.)

Ц

ЦЕ́ЛКА *ж. простонар.*

девственная; девственность || Манька — целка, ты её не трогай. || Он сломал ей целку. || Целкой она перестала быть в четырнадцать лет. || Андрей у нас ещё целка. • **целку строить** ломаться. || Брось целку-то из себя строить, пойдём прошвырнёмся. || Я не могу прийти на вечер. — Мишка, брось из себя целку строить. Гульнём сегодня.

Ш

ШАЛА́ВА *ж. вульг.*

шлюха

ШАЛАШО́ВКА *ж. вульг.*

шлюха

ША́РИКИ *мн. ч. эвф.*

яички, тестикулы

ШИ́ШКА *ж. груб.*

головка полового члена, *см.* залупа, плешка, плешь

ШУ́ТКА:

бывают в жизни злые шутки, сказал петух, слезая с утки *вульг. присказка* говорится, когда происходит что-то несуразное, необыкновенное • **ничего себе шутки — полхуя в желудке** *неценз. присказка* тут шутки плохи; дело серьёзнее, чем кажется

Я

Я́ЙЦА *мн. ч. груб., простонар.*

тестикулы, яички <свежие, молодые, натруженные, отяжелевшие, ударить [лягнуть] по яйцам, крутить, прищемить, оторвать снарядом, засунуть хуй по самые яйца; яйца из плавок вывалились; яйца от страха замирают [от мороза съёжились], застудить> || Ходит тут и яйцами трясёт, а работать его нету. || Птицеферма есть у нас / И вторая строится, / А колхозник видит яйца, / Когда в бане моется. (*частушка*) • **как серпом по яйцам** *вульг.* а) очень больно || Я напоролся. Боль страшная, как серпом по яйцам. б) очень жалко, досадно, огорчительно || Когда я услышал, что Серёга умер, — как серпом по яйцам! Так неожиданно. Молодой и здоровый человек. в) очень неприятно || Как заскребёт (напильником по рельсе), ну просто серпом по яйцам. • **слону яйца качать** *вульг.* заниматься бесполезным делом • **плохому танцору (всегда) яйца мешают** *вульг.* у плохого специалиста всегда помехи • **блестеть как бараньи яйца** *вульг.* сильно блестеть || Пол-то ты как наярил! Блестит как бараньи яйца! || Пуговицы на кителе блестят как бараньи яйца. • **у всякого свой вкус, сказал кобель, облизывая яйца** *вульг.* о вкусах не спорят, на вкус и цвет товарища нет • **у него вся сила в яйцах** *ирон.* о маленьком половом члене

ЯПО́НСКИЙ ГОРОДОВО́Й! *вульг. эвф.* ёб твою мать! *см.* ебать, *ср. тж.* ёлки зелёные, ёлки-палки

ПЕРЕЧЕНЬ ПОНЯТИЙ, ВЫРАЖАЕМЫХ НЕЦЕНЗУРНЫМИ СЛОВАМИ

> Das Wörterbuch ist kein Sittenbuch, sondern ein wissenschaftliches, allen Zwecken gerechtes Unternehmen. Selbst in der Bibel gebricht es nicht an Wörtern, die bei der feinen Gesellschaft verpönt sind. Wer an nackten Bildsäulen ein Ärgernis nimmt oder an den nichts auslassenden Wachspräparaten der Anatomie, gehe auch den mißfälligen Wörtern vorüber und betrachte die weit überwiegende Mehrzahl der anderen.
>
> *Wörterbuch von J. Grimm und W. Grimm*
> *Vorwort, §9.*

Для представления круга понятий, охватываемых матерными словами, приведём следующий словарь с нейтральным исходным словом и его матерным «синонимом». Его правая и левая сторона не конвертируемы, поскольку нецензурные соответствия несут целый ряд смысловых и чисто эмоциональных оттенков, которые трудно перевести на нейтральный язык понятий. К тому же мат заменяет слово обычно не целиком, а лишь некоторые его словоупотребления. Матерный синоним зачастую не дублирует отдельных слов своего ряда и содержит что-то специфическое, отсутствующее в общеупотребительных нейтральных словах. Тем не менее для того, чтобы хотя бы приблизительно прикинуть, какое семантическое пространство охватывают нецензурные слова, можно предложить следующий перечень соответствий.

В словарь включены некоторые «нематерные» эвфемизмы только потому, что они связаны с табуированными понятиями.

Поскольку тарифицирующие пометы уже приводились в другом — семасиологическом — словаре, здесь они опускаются.

Орфография некоторых обсценных слов спорна — нет письменной традиции их написания, нет по отношению к ним устоявшейся нормы (мандовошка — мандавошка, пиздорванец — пиздарванец, молофейка — малафейка и т. п.), поскольку в написанный текст им вход был всегда запрещён.

АНУС сра́ка
БАРАХЛО хуйня́, херня́, фигня́
БЕЗДЕЛЬНИЧАТЬ ху́ем груши околачивать
БЕЗРАЗЛИЧИЕ: проявлять б. — хуй положить на кого-л., что-л., насра́ть на кого-л., что-л.
БЕЗРАЗЛИЧНО по́ хую, плешь-муде́, один хуй
БОЖБА блядь буду, в рот меня еба́ть
БОЛВАН муда́к, муди́ла, хуй, засра́нец, пиздю́к, разъеба́й
БОТИНКИ говнода́вы
БОЯЗНЬ мандра́ж
БОЯТЬСЯ обосра́ться, в штаны насра́ть [наложи́ть], обложи́ться, дрист получить, бздеть, мандражи́ровать
БРАВАДА еба́л я их, я на них [на тебя́] хуй положил, а мне всё по́ хую
БРАНЬ (*без конкретизации осуждаемого*) ёб твою мать, мать их ети́ [ёб], ёлки-па́лки, япо́нский городово́й, блядь, мандаво́шка,

пизда́, пиздорва́нец, муда́к, муди́ла, мудозво́н, козёл, пи́дор, ёбаный в рот, ёбаный по голове, засра́нец, жо́па, хуесо́с, разъеба́й

ВАГИНА пизда́, манда́

ВЕЩЬ хуёвина, херо́вина, фиго́вина

ВОЗИТЬСЯ (с чем-л.) мудо́хаться, разводи́ть мудню́, еба́ться с чем-л.

ВОЗНЯ мудня́, е́бля, суходро́чка

ВОЛНОВА́ТЬ (не волновать кого-л.) *см.* трогать

ВОСХИТИТЕЛЬНО ёб твою мать, охуи́тельно; ёбаный в рот, блядь!

ВОШЬ лобковая — мандаво́шка

ВСЁ: пизде́ц!

ВУЛЬВА пизда́, манда́

ВЫМОТАТЬ душу — измудо́хать, вы́ебать, заеба́ть

ВЫМОТАТЬСЯ измудо́хаться, уеба́ться

ГЕНИТАЛИИ (мужск.) хуй, муде́, мошна́, елда́, «коне́ц», «па́лка», «бага́жник», «маши́нка», «хозя́йство»

ГОЛОВКА полового члена — залу́па, плешь, пле́шка, ши́шка

ГРУДЬ (женск.) ти́тьки, си́ськи, «буфера́»

ГРЯЗНЫЙ сра́ный, за́сранный

ДЕВСТВЕННИЦА це́лка

ДЕВСТВЕННОСТЬ: лишить девственности — слома́ть це́лку

ДЕВУШКА сику́ха, сику́шка, мандаво́шка, пизда́

ДЕЙСТВИЕ: осуждаемое действие — хуйня́, херня́

ДЕЙСТВОВАТЬ (энергично) хуя́рить, хуя́чить

ДУРАК муда́к, муди́ла, разъеба́й, распиздя́й, хуй, жо́па, дуроёб, пиздю́к

ЕРЕПЕНИТЬСЯ пизде́ть

ЕРУНДА хуйня́, мудня́, херня́, фигня́, пиздёж

ЕРУНДИТЬ хуйню́ разводить [нести], пизде́ть

ЕСТЬ (наворачивать) наёбывать

ЖАДНИЧАТЬ и ртом и жо́пой хвата́ть

ЖЕНЩИНА блядь, пизда́, мандаво́шка, сику́ха, сику́шка, пизду́шка, пиздя́тина

ЗАВЕРЕНИЕ в истинности сказанного *см.* божба

ЗАВИСТЬ: испытывать зависть — хуй в чужих руках велик *посл.*

ЗАГАДИТЬ засра́ть

ЗАГОНЯТЬ (замучить) заеба́ть

ЗАД за́дница, жо́па, жо́пища, жо́пка, «са́харница»

ЗАКИНУТЬ захуя́рить, захуя́чить

ЗАМУЧИТЬ(СЯ) заеба́ть(ся)

ЗАРАБОТАТЬСЯ заеба́ться

ЗАСТРЯТЬ (замешкаться) заеба́ться

ЗАЧЕМ за́ хуем, какого ху́я, ху́ли?

ИЗМУЧИТЬСЯ измудо́хаться, заеба́ться, уеба́ться, наеба́ться

ИЗРУГАТЬ изъеба́ть, отъеба́ть, отхуя́рить

ИСПАЧКАННЫЙ обо́сранный, за́сранный

ИСПАЧКАТЬ засра́ть, обосра́ть

ИСПОДТИШКА: действовать исподтишка — быть тихобзде́йчиком

ИСПРАЖНЕНИЯ говно́, сраньё, сра́ки, дерьмо́

ИСПРАЖНЯТЬСЯ срать

ИСПУГАТЬСЯ забздéть, наложи́ть в штаны́, обосрáться

КАК БЫ НЕ ТАК хуй тебе, хуй тебе в рот, хуй тебе сосать, хýюшки

КИНУТЬСЯ с хýя сорвáться

КЛИТОР сéкель

КОНЕЦ пиздéц

КРУТИТЬ пиздéть

КТО какой хуй (придумал это)? какому хýю (это понадобилось)?

КТО-ТО хуй какой-то

ЛАДНО (пусть) хуй с ним

ЛАПАТЬ (женщину) фаловáть

ЛИЦО ебáло, ебáльник

ЛОМАТЬСЯ цéлку из себя́ стрóить

ЛЮБОВНИК ёбарь

МАСТУРБАЦИЯ (сухо)дрóчка

МАСТУРБИРОВАТЬ трухáть, дрóчить

МЕРЗАВКА мандавóшка, пиздá, мандá, пиздорвáнка

МЕШАТЬ (разложенным, расставленным) разосрáться с чем-л., где-л.

МНОГО до хуя́, до ебёной матери, охуéть можно сколько

МОРОЧИТЬ (голову) мудéть, муди́ть, пизди́ть

МОЧА ссáки, сцáки

МОЧИТЬСЯ ссáться, сцáться

МОШОНКА мошнá, я́йца, мудé, мýди

МУЖЕПОДОБНАЯ (баба) конь без мудéй

МУЖИК хуй, ёбарь, ебáка

МУЧИТЬСЯ мудóхаться, ебáться с кем-л., с чем-л.

НАГАДИТЬ насра́ть, подосра́ть
НАМУЧИТЬСЯ намудо́хаться, заеба́ться
НАПЛЕВАТЬ (на кого-л., что-л.) хуй с ним
НАПОРТИТЬ насра́ть, подосра́ть
НАПРАСНАЯ (возня) мудня́, хуйня́, суходро́чка, пиздёж
НАПРАСНЫЕ (усилия) мудня́, хуйня́, суходро́чка
НЕ хуй || Разрешили? — Хуй (разрешили). || Водку хуй здесь достанешь
НЕДОВОЛЬСТВО: ёб твою мать, мать их ети́, ёбаный в рот, блядь
НЕДОДЕЛАННЫЙ недоёбанный
НЕНАДЁЖНЫЙ хуёвый
НЕПОРЯДОЧНОСТЬ говнецо́, говно́, бля́дство
НЕПОРЯДОЧНЫЙ (человек) говню́к, муда́к, хуёвый человек, блядь
НЕСОГЛАСИЕ: хуй! ху́я! ху́юшки! фи́гушки! || Поможешь? — Хуй! || Подвинься! — Ху́я! || Правильно? — Ни хуя́.
НЕТ (уж) ху́я, ху́юшки, фи́гушки; ни хуя́; хуй || Согласен? — Ни хуя́. [Хуй согласен.] || Давай чеши! — Хуй! Не уйду.
НЕЧЕГО не́хуя; не́хуя оправдываться; не́хуя ныть
НИ ЗА ЧТО (не пойдёт, не сделает, не даст) хуй пойдёт; хуй сделает; хуй даст
НИКАК ни хуя́, хуй; ни хуя́ не исправился; хуй подцепишь эту планочку
НИКОГДА хуй когда, хуй когда ещё встретимся; хуй ты напишешь
НИКТО хуй кто (ему помог), ни один хуй, ни одна блядь

НИКЧЁМНЫЙ (человек) пиздю́к, муда́к; (занятие) мудня́, хуйня́
НИСКОЛЬКО ни хуя́
НИЧЕГО ни хуя́, хуй, от ху́я уши, ноль целых хуй десятых
ОБКАКАТЬСЯ обосра́ться
ОБМАНУТЬ объебну́ть
ОБМАНЫВАТЬ объёбывать
ОБНИМАТЬ фалова́ть
ОБРАБОТАТЬ обхуя́рить
ОНАНИРОВАТЬ дро́чить, труха́ть, гоня́ть Ду́ньку Кулако́ву
ОНАНИСТ труха́ч, дрочи́ла
ОСКОРБЛЕНИЕ *см.* брань
ОТБЫТЬ (срок заключения) отхуя́рить
ОТДЕЛАТЬ отхуя́рить
ОТКАЗ: хуй! хуй тебе в пизду́! хуй соси [сосать, пососёшь]! ху́я! ху́юшки! фи́гушки!
ОТРУГАТЬ отъеба́ть, изъеба́ть кого-л.
ОТСТАНЬ! пошёл на́ хуй! пошёл в пизду́, в жо́пу! хуй тебе в рот! отвали!
ПЕДЕРАСТ пи́дор, гома́к, го́мик, жо́почник, козёл, голубо́й
ПЕНИС хуй, хер, хрен, елда́, елда́к, хуи́ло, хуи́ще, па́лка, хуёк, пи́солка *дет.*, пипи́ска *дет.*, си́колка *дет.*, шланг, ва́фля
ПЕРЕСПОРИТЬ перебзде́ть; тебя не переспо́ришь, как свинью́ не перебзди́шь
ПЛОХОЙ хуёвый, хуёвенький, херова́тый, говённый, дерьмо́вый
ПОБОИ пиздюли́
ПОДКОВЫРИВАТЬ подъёбывать
ПОДСМЕИВАТЬСЯ подъёбывать
ПОДСТРЕКАТЕЛЬ подъеба́ла

ПОДСТРЕКАТЬ подъёбывать
ПОДХАЛИМ жополи́з; тот, кто без мы́ла в жо́пу влёзет
ПОЛОВЫЕ сношения иметь *см.* совокуп ляться
ПОМУЧИТЬСЯ поеба́ться с чем-л., кем-л.
ПОРАБОТАТЬ поеба́ться, помудо́хаться с чем-л.
ПОСТРАДАТЬ (от половых излишеств) он съёбся совсем
ПОЧЕМУ? ху́ли, за́ хуем, какого ху́я?
ПРИДИРАТЬСЯ приёбываться к кому-л.
ПРИДУРКОВАТЫЙ недоёбанный
ПРОПАСТЬ накры́ться, пиздо́й накры́ться
ПРОСТИТУТКА блядь, бэ, бляди́ща, блядю́га, про́блядь, блядю́шка, ку́рва, шала́ва, шалашо́вка, пиздорва́нка, дава́лка
ПУСТОЗВОН мудозво́н
ПУСТОМЕЛЯ мудозво́н
ПУСТЬ *см.* ладно
РАЗ! пизды́к!; ху́як! || Он его пиздык по спине, в бок лопатой [поленом], тот аж зашатался. || Пули хуяк, хуяк в песок. || Камушками он по стеклу хуяк, хуяк.
РАЗВРАТ бля́дство, блядохо́д
РАЗВРАТНИК бляду́н, пиздорва́нец
РАЗВРАТНИЦА *см.* проститутка
РАЗВРАТНИЧАТЬ блядова́ть, пуститься в бля́дство, пойти на блядохо́д
РАЗДРАЖЕНИЕ по поводу чего-л. *см.* недовольство
РАЗИНЯ разъеба́й, муди́ла, муда́к, жо́па
РАССВИРЕПЕТЬ как с ху́я сорва́ться
РОТ еба́льник, еба́ло

РОХЛЯ разъеба́й, дуроёб, пиздю́к

РУГАТЕЛЬСТВА *см.* брань

РУГАТЬСЯ (матом) матери́ться, пустить ма́том, матюго́м, крыть ма́том, матюка́ться, ёрничать

САДИСТ(КА) злоебу́чка

САДИСТСКИЙ злоебу́чий

САПОГИ (грубые) говнода́вы

СЕКС: е́бля; заниматься сексом — еба́ться, е́ться, занима́ться е́блей, тра́хать(ся), поставить писто́н, поста́вить кому-л., перепихну́ться с кем-л., натяну́ть кого-л., кида́ть па́лку, разложи́ть, пойти в кусты́; заниматься сексом досыта — наеба́ться, нае́ться; женщина для секса — пиздя́тина; неудовлетворённость сексом — недоёб

СКВЕРНОСЛОВИТЬ *см.* ругаться

СМЕШНО: очень смешно — уеба́ться можно, усра́ться можно

СНОШЕНИЯ половые иметь *см.* совокупляться

СОВОКУПЛЯТЬСЯ еба́ться, е́ться, занима́ться е́блей, тра́хать(ся), поста́вить писто́н, поста́вить кому-л., перепихну́ться с кем-л., *см.* секс

СОГЛАШАТЬСЯ (на секс) дава́ть || Она ему не дала́. Попроси получше, и она тебе даст, она всем даёт.

СПАСОВАТЬ обосра́ться, засрули́ть

СПЕРМА малафе́йка, молофья́

СТАРИК ста́рый перду́н, старпе́р

СТРАХ мандра́ж; у него мандра́ж; его мандра́ж берёт; он мандражи́рует

СХВАТИТЬ (кого-л.) зажо́пить

СЧИТАТЬСЯ: не считаться с кем-л., чем-л. — хуй положи́ть на..., ему́ хоть бы хуй; ему́ ссы в глаза́ — бо́жья роса́

СЪЕСТЬ наебну́ть (две тарелки, три порции второго)

ТЕМНО: совсем темно — темно́ как у не́гра в жо́пе

ТИП (человек) хуй, пиздю́к, муда́к

ТОЛК: сбивать с толку — засира́ть (пу́дрить) мозги́

ТРОГАТЬ: не трогать кого-л. (не действовать на кого-л.) — ему ссы в глаза́ — бо́жья роса́; а ему́ хоть бы хуй

УВИЛИВАТЬ пизди́ть

УДАР хуя́к, пизды́к; удары (побои) — пиздюли́; пиздюле́й наве́шать кому-л.

УДАРИТЬ ёбнуть, пиздану́ть, хуя́кнуть

УДАРИТЬСЯ наебну́ться (о косяк, об угол)

УДОВЛЕТВОРЕНИЕ (сексуальное неполное) недоёб

УКРАСТЬ спи́здить, пиздану́ть

УПАСТЬ наебну́ться (с палатей, навзничь о бортовой камень)

УШИБИТЬСЯ ёбнуться, наебну́ться (лбом о дверь, локтём об острое)

ХИТРЫЙ хитрожо́пый

ЦЕЛОМУДРЕННАЯ це́лка

ЧЕЛОВЕК (мужчина) хуй

ЧЕПУХА хуёвина, хуйня́, хренота́, мудня́

ЧЛЕН *см.* пенис

ЧТО ху́ли || Ху́ли тебе от меня надо? || Зачем ты себе это оставил? — А ху́ли? Все берут.

ШЛЁПНУТЬСЯ *см.* удариться

ШЛЮХА *см.* проститутка

ШТУКОВИНА хуёвина, херо́вина, фиго́вина
ЯИЧКИ (мужск.) я́йца, ша́рики, муде́

РЕЗЮМЕ
ZUSAMMENFASSUNG

Vulgäre und tabuisierte Wörter hat jede Sprache. Ihre Verwendung schafft soziologische, sprachwissenschaftliche, ethische und ästhetische Probleme. Im hochsprachlichen Standard sind sie nicht zu verwenden. Im Unterschied zu anderen Sprachen verfügt die russische unter vielen "unanständigen" Wörtern über ein paar Ausdrücke, die ganz eigenartig gebraucht werden. Das sind Bezeichnungen im Sexual- und Fäkalbereich (*coire, penis, testes, vagina, vulva, prostituere*) und die davon abgeleiteten Wortbildungen. Das ist der sogenannte "Mat" (vom russischen Wort *mat'* "Mutter", das nach dem geläufigen obszönen Schimpfwort "job tvoju mat'" — wörtlich: "(ich) fickte deine Mutter"; "gefickt sei deine Mutter!" — entstanden ist). Unter dem Begriff "Mat" werden die schlimmsten obszönen Ausdrücke und die gesamte Rede, in der Matwörter verwendet werden, verstanden. Der Gebrauch des Mat gilt als verpönt, ruchlos, unverschämt, gemein.

Die etymologische Bedeutung (die Herkunftssemantik) ist bei diesen Ausdrücken stark verblaßt, — ihre eigentliche Objektbeziehung ist verlorengegangen, sie sind den Fürwörtern ähnlich geworden, sind hinweisend und nicht sinntragend. Dagegen ist ihre ausgesprochen unanständige Färbung geblieben. Das typische Milieu für die Anwendung von Matwörtern ist die Welt der Asozialen, das Gefängnis, die Kaserne. Eine weite Verbreitung finden solche Obszönitäten jedoch weit außerhalb dieses Bereiches. Sie sind in der Alltagsrede ganz durchschnittlicher Sprachträger anzutreffen, die schweinigeln, Anstandsregeln mißachten und die Verbote der Sprachpflege nicht so genau nehmen. Jedenfalls haben diese Ausdrücke keinen Zugang zur offiziellen Sphäre, sind nicht für Damen- und Kinderohren bestimmt. Hört man zufällig einen unangebrachten Ausdruck des Mat, tut man so, als hätte man ihn nicht vernommen, oder verurteilt ihn resolut und entrüstet. Vom Mat getragene Bewertungen sind beleidigend, für den Rezipienten kränkend.

Dieser Wortschatz hat aber auch andere Funktionen. Er wird unter anderem zur emotionalen Entladung verwendet, wenn man seinen Gefühlen freien Lauf lassen will, oder um das Kolorit der betonten Vertraulichkeit und des sehr nahen Verhältnisses zueinander zu schaffen — natürlich unter der Bedingung der bewußt usurpierten, herausfordernden Enttabuisierung der schlimmsten Schimpfwörter.

Zur Veranschaulichung dieser Rolle läßt sich ein kurzer Beleg anführen, eine ärgerliche Begebenheit aus dem russischen Alltag. Die Matwörter im russischen Originaltext sind fett gedruckt. Sie drücken entweder eine höhere Stufe der Abwertung (als scheußliches Schimpfwort) aus oder stellen einen gehaltlosen emotionalen Ausruf (eine Exklamation) dar, auch betont obszön gefärbt.

> Поехал, **блядь**, я за билетами. **Хуй на!** — обеденный перерыв. Прихожу, **бля** [*сокр. от* блядь] после перерыва — **ни хуя себе** уже сточередь, **мать её ёб.** Больше двух часов стоять, **ёбаный в рот**! Тут, **бля,** спекуль появился и на завтра два купированных до Питера

предлагает, **сука ёбаная**, за тройную цену. Ну я, **распиздяй**, клюнул и взял, а то застрял бы здесь **на хуй**. Вот теперь без денег остался, **мудак**!

Eine Übersetzung dieser Erzählung ist nur bedingt möglich. Im Deutschen wäre dieser Wortschwall in etwa folgender affektiv geladenen Ausdrucksweise wiederzugeben, im Interesse der Angleichung an die russische Mat-Sprache etwas übertrieben vulgär und konzentrierter pejorativ, als es für deutsche Verhältnisse üblich ist.

Fahre ich heute nach Fahrkarten. Vergeblich! Mittagspause! So ein Mist! Mußte noch mal hinfahren! — Verflucht und zugenäht! Eine Riesenschlange stand vor dem Schalter. Zwei Stunden mußte ich anstehen. Verdammt noch mal! Da kommt so ein Scheißkerl von Schieber und bietet Fahrscheine 2. Klasse nach Petersburg für morgen an. Dieser Drecksack verlangte saumäßig viel Geld dafür. Nur um schnell wegzukommen, habe ich Arschloch die Karten genommen. Verflixt noch mal! Jetzt sitze ich ohne Geld da. Himmel, Arsch und Wolkenbruch!

Diese deutsche Entsprechung bildet jedoch das Spezifikum des russischen Mat nicht nach, weil das Deutsche über keine genauen Parallelen dazu verfügt. Um dem Ausländer (d.h. Nicht-Russen) die Eigenart des Mat näherzubringen, erscheint es zweckmäßig, eine wortwörtliche, konstruierte deutsche Übertragung anzuführen. Natürlich ist das dabei entstehende Kauderwelsch kein Deutsch, aber ohne diese gekünstelte, buchstäbliche Rohübertragung kann man nicht den russischen Mat-Mechanismus erklären. Die direkt übersetzten Mat-Wörter sind hier eingeklammert. Sie sind nicht sachbezogen und tragen eine nur emotional angedeutete, vage wertende Information.

> Ich fuhr [Hure!] nach Fahrkarten. ['nen Penis kriegte ich!] — Mittagspause! Komme ich [Hure!] nach der Pause [ist das ein Penis], steht da schon eine Schlange [gefickt sei ihre Mutter!]. Mehr als eine Stunde mußte man anstehen [ins Maul gefickt!]. Da [Hure!] kommt ein Schieber [gefickte Hündin!] mit 2 Fahrscheinen nach Petersburg. Verlangt dreifachen Zuschlag [so'n Hurensohn!]. Nun habe ich [solch ein Fotzenstück!] zugeschnappt, sonst wäre ich hier [für gefickte Ewigkeit!] steckengeblieben. Nun bin ich pleite [blöder Sack]!

Grammatisch gesehen, sind die Matwörter asyntaktische Schaltwörter oder bewertende Prädikative bzw. Attribute. Ihre Anhäufung kann (wie im angeführten Hörbeleg) sehr stark sein. Das o. g. Beispiel stellt einen Extremfall dar; meist tritt der Mat in einer geringeren Konzentration auf.Kennzeichnend ist, daß die Popularität des Mat immer mehr zunimmt, natürlich nur im Alltagsbereich, bei inoffizieller Kommunikation. Er ist heute manchmal in solchen Soziolekten anzutreffen, deren Träger (darunter auch — scheinbar im Widerspruch zum anfangs Gesagten — gebildete Frauen) vor Jahren nie Gebrauch davon gemacht hätten. Vieles im Mat ist rätselhaft, unlogisch, verhängnisvoll. Bei seiner Abgedroschenheit und

Klischeehaftigkeit bleibt der Mat doch ausdrucksvoll. Seine Wirkung wird dadurch garantiert, daß das darüber errichtete Tabu immer wieder gebrochen wird und die bei der Nomination vorgenommene Sachbezogenheit willkürlich und überraschend erfolgt. Die Mat-Sprache ist sehr vital und mit Verboten nicht so einfach auszumerzen. Durch ihre aggressive, abstoßende Scheußlichkeit bleibt sie eine Art böse Verwünschung, ein Fluch des Volkes.

Das Interesse für den Mat ist enorm groß, besonders unter den Ausländern, die seine befremdende Eigenart erschließen möchten. Kennzeichnend ist, daß das, was unter dem "Mat" verstanden wird, vorwiegend im Rahmen des Rotwelschen, des Argots, der Gaunersprache, linguistisch beschrieben wird.

Die Gefängnissprache ist nur verhältnismäßig wenigen, den Eingeweihten bekannt. Die Mat-Ausdrücke und frequente grobe Ausdrücke und Vulgarismen sind dagegen jedem Muttersprachler vertraut. Passiv, rezeptiv kennt sie jeder. Da sie außerhalb des kodifizierten Bereiches bleiben, bieten sie für denjenigen, der Russisch als Fremdsprache lernt, bedeutende Schwierigkeiten und hemmen den Kommunikationserfolg, besonders bei unmittelbaren sprachlichen Kontakten im Alltagsgespräch.

Der Vorteil des vorliegenden Buches besteht in der Sammlung und Erörterung von den jedem Russen geläufigen Wörtern. Da, in diesem Umfang und in solcher Weise behandelt, noch kein Beitrag zur russischen obszönen Lexik vorliegt, könnte das angebotene Projekt an Wert gewinnen, zugleich auch praktisch aktuell und nützlich sein. Es enthält drei Teile:

Besonderheiten der obszönen Lexik (ein Essay);

Erläuterndes Wörterbuch der gebräuchlichsten obszönen Lexik;

Wörterbuch: Normalsprachlich — Obszön.

Es werden insgesamt 200 Wörter behandelt, darunter 110 Mat-Vokabeln*.

---

*Damit keine Mißverständnisse wegen der "Faux amis" *нецензурное* und *nicht zensiert* entstehen, ist zu berücksichtigen, daß der russische Begriff das Unanständige, das von der Zensur Verbotene beinhaltet, während im Deutschen "nicht zensiert" das wird, was nicht zu beanstanden und durchaus harmlos ist.

SUMMARY

Vulgar and taboo words are to be found in every language. Their use creates sociological, linguistic, ethical and aesthetic problems. They are to be avoided in the standard language. In contrast to many other languages, Russian has among its plethora of obscene words a number of expressions whose use can best be described as peculiar. These are expressions referring to sex, the genitals and the anal area (*coire, penis, testes, vagina, vulva, prostituere*) and compounds derived from these words. These words make up the so-called "Mat" (from the Russian word *mat*, "mother", a term which itself is derived from the common obscene expletive "job tvoju", literally "(I) fucked your mother", "fuck your mother!"). The term Mat is used to describe both the worst obscene expressions and the language in general in which Mat words are used. Using Mat is considered taboo, despicable, coarse and vulgar.

The etymological meaning of these expressions (their original semantic sense) has paled into insignificance, and their actual relationship to the objects they are used to describe has been lost. They have become mere appendages to the words, are demonstrative but carry no real meaning of their own. Nevertheless, their overtly obscene colouring has remained. The sort of milieu where the use of Mat words abounds is - predictably - the world of the so-called underclass, the prison, and the barracks. However, the scope of these obscenities goes far beyond the narrow confines of this realm. These words can be heard in the everyday language of average speakers, who talk dirty, ignore the rules of common decency and have little regard for linguistic taboos. Naturally, these expressions have no place in official language and are not intended for ladies' or children's ears. If you happen to hear an out-of-place Mat word, you act as if you have not heard it or you make a point of showing your disapproval and outrage. Value judgements conveyed by Mat are offensive; the listener considers them insulting.

However, this vocabulary also has a quite different function. It is used for instance for cathartic reasons - to unleash emotions, to give vent to one's feelings. Or to create the impression of a pointed familiarity and chumminess. All of this is done, of course, in a conscious effort to break taboos by provocatively using the very worst of these swearwords.

The following depiction of an irritating incident from Russian daily life can serve as a concrete example of the role Mat can play in language. The Mat words are given in bold print in the original Russian text. They are either extremely derogatory (disgusting swearwords) or nothing more than contentless emotional expletives with a distinctly obscene flavour.

> Поехал, **блядь**, я за билетами. **Хуй на!** - обеденный перерыв. Прихожу, **бля** [*сокр. от* блядь] после перерыва - **ни хуя себе** уже очередь, **мать её ёб.** Больше дбух часов стоять, **ёбаньй в рот!** Тут, **бля**, спекуль появился и на завтра два купированных до Питера предлагает, **сука ёбаная**, за тройную цену. Ну я, **распиздяй**, клюнул и взял, а то застрял бы здесь **на хуй.** Вот теперь без денег остался, **мудак!**

It would be impossible to translate this text into English with absolute accuracy, although a similar sort of accumulation of obscenities and four-letter words can be heard in certain situations in English, too. The following translation is an approximation of the Russian, with English swearwords used to similar effect to that of the Mat words in Russian:

> I went to get fuckin' tickets today. What did I get - fuck all! - Lunchtime, wasn't it! So I came fuckin' back after fuckin' lunch and there was this fuckin' great queue there already. I had to hang around there for more than a fuckin' hour. Then - fuck me! - this wanker of a black marketeer turns up with two second-class tickets for Petersburg tomorrow. - Asks for three times the price - the mean bastard! So like the stupid cunt I am I snap them up, otherwise I'd have been stuck here for fuckin' ever. So now I haven't got a penny to my fuckin' name - fuckin' marvellous, eh?

The English translation contains a large number of swearwords and is riddled with obscene expressions, yet it does not recreate the specific character of the Russian Mat, as there are simply no exact equivalents to this in English. To show the foreigner (i.e. non-Russian) more clearly what makes Mat so unique, it is worthwhile providing a literal, construed English translation of the same text. Naturally, the English sounds completely unidiomatic - but without this artificial and in the truest sense of the word rough translation, it is impossible to explain the mechanisms of the Russian Mat. The translations of the Mat words are placed in square brackets. They bear no direct relevance to the objects they are applied to - and the modicum of information they convey is on a vague, purely emotional level, with a negative value judgement as the basic undertone.

> I went [whore!] to get tickets today. [I got a prick!] - Lunchtime, wasn't it! So I [whore!] came back after lunch [what a prick!] and there's a

> queue there already [fuck its mother!]. I had to hang around there for more than an hour [fuckin' cock-sucker!]. Then - [whore!] - this black marketeer turns up [fuckin' bitch] with two second-class tickets for Petersburg tomorrow. - Asks for three times the price [what a son of a bitch!]. So I [what a cunt!] snap them up, otherwise I'd have been stuck here [for fuckin' ever!]. So now I haven't got a penny to my name [stupid balls!]

From a grammatical point of view the Mat words are asyntactical fillers or intensifiers, or, alternatively, predicative and attributive adjectives of an evaluative nature. As shown, they can be used very frequently for a strong cumulative effect, although the example given above is an extreme case - usually Mat appears in a less concentrated form. It is, however, characteristic of the present situation that the popularity of Mat is constantly increasing, though needless to say in everyday spoken communication only, never in official communication. Nowadays it can sometimes be encountered in sociolects whose representatives (which can include - in apparent contradiction of what was said earlier - educated ladies) would never have dreamt of using it a few years ago. Much of Mat is mysterious, illogical, fateful. Hackneyed and clichéd as it may be, Mat nevertheless retains a very expressive vitality. The effect of Mat is guaranteed by the fact that the taboo established around it is broken again and again and the words and objects it is used to refer to are as arbitrary as they are unpredictable. The language of Mat is extremely vibrant, and simply banning it could never eradicate it. Its flagrant aggressiveness and deliberately disgusting nature makes Mat a sort of evil curse, the curse of the people.

There is very great interest in Mat, especially among foreigners who would like to get to the root of this unique phenomenon. Characteristically, what is commonly known as Mat has been given linguistic attention primarily in the context of "thieves' Latin", the argot of the underworld. Yet the language of prisons is familiar to only a relatively small circle of "insiders", of those initiated in the ways of that world. By contrast, Mat expressions - the frequent vulgarisms and curses - are known to all native speakers. Everyone in Russia has at least a passive knowledge of these words. As they remain outwith the domain of codified language, they cause learners of Russian as a foreign language great difficulties and are a barrier to proper communication, especially in that most direct of linguistic situations - in everyday conversation.

Verwendete Abkürzungen
Принятые сокращения

Вин. п.	Винительный падеж	Akkusativ
вульг.	вульгарное (применение сниженного слова вместо принятого нейтрального)	vulgär
груб.	грубое (применение сниженного слова вместо эвфемистического)	grob
диал.	диалект	Mundart
ж.	женский род	Femininum
м.	мужской род	Maskulinum
мн. ч.	множественное число	Mehrzahl
несов.	несовершенный вид	Durativ
нецენз.	нецензурное (матерное)	obszön, tabuiert, die allerschlimmste Stufe der Unanständigkeit
общебранн.	ругательство широкого применения (без конкретизации осуждаемых свойств)	nichtspezialisiertes Schimpfwort

однокр.	однократный вид	punktuell
посл.	пословица	Sprichwort
простонар.	типичное для необразованных	typisch für Ungebildete
с.	средний род	Neutrum
син.	синоним	Synonym
сов.	совершенный вид	Nicht-Durativ
сокр.	сокращённое	Abkürzung
солд.	солдатское	Soldatensprache
Тв. п.	Творительный падеж	Instrumental
уничиж.	уничижительно	verächtlich
употр.	употребление	Gebrauch
усил.	повышенная степень признака	potenziert, verstärkt
эвф.	эвфемизм	verhüllend

Anmerkung

Anschaulichkeitshalber sind die Redewendungen mit einer anderen Schriftart gesetzt.

Примечание

В интересах наглядности идиоматические словосочетания имеют шрифтовое выделение иным кеглем.

ЛИТЕРАТУРА

БОДУЭН де КУРТЕНЭ И.А. Замечания о русско-польском словаре. || Лексикографический сборник, выпуск VI, Академия наук СССР, ОЛЯ. М., 1963.

ДАЛЬ В.И. Толковый словарь живого великорусского языка. 4-е исправленное и значительно дополненное издание под ред. И. А. Бодуэна де Куртенэ. Петербург, Москва, 1912—1914.

КРЕСТИНСКИЕ М.М. и Б.П. Краткий словарь современного русского жаргона. Франкфурт н/М, Посев, 1965.

РОССИ Ж. Справочник по ГУЛАГу в двух частях. Изд. 2-е дополненное. Текст проверен Н.Горбаневской. Москва, Просвет, 1991.

Von TIMROTH W. Russische und sowjetische Soziolinguistik und tabuisierte Varietäten des Russischen (Argot, Jargons, Slang und Mat). || Slavistische Beiträge. Band 164, München, D. Sagner, 1983.

ФЛЕГОН А. За пределами русских словарей. Flegon Press, London, 1973.

Dr. phil. habil. Valentin DEVKIN ist Professor an der Pädagogischen Universität Moskau (Fakultät für Fremdsprachen). Bekannter russischer Germanist. Vierzig Jahre im Hochschuldienst. Verfasser von über hundert Veröffentlichungen auf dem Gebiet der Lexikologie und der gesprochenen deutschen Alltagssprache. Seine bedeutendsten Bücher sind: Besonderheiten der deutschen Umgangssprache (1965), Deutsche Alltagssprache. Syntax und Lexik (1979), Deutsche umgangssprachliche Lexik (1973), Dialog: Deutsche und russische Alltagsrede im Vergleich (1988), Lexikologisches Praktikum (1962/71). Sein Lebenswerk ist das umfangreiche Deutsch-russische Wörterbuch der umgangssprachlichen und saloppen Lexik (1994). Kleinere Aufsätze sind solchen Problemen gewidmet wie Asymmetrie des Wortzeichens, Semstruktur, Metakommunikation, Konflikt der etymologischen und denotativen Bedeutung, Formgestaltung als Sinnträger; Rückentwicklung der lexikalischen Einheiten, Wechselwirkung konträrer Funktionen, nominative Paradoxie, Lexikographie, Pseudoparallelismus im Wortschatz der deutschen und russischen Sprache u.a.